超シンプルな基本文型

1. 文の分類（述語の中心語に基づく）

語順の第1次区分	主語		述語			目的語		
語順の第2次区分	連体修飾語	中心語	連用修飾語	中心語	補語	連体修飾語	中心語	
判断文		我		是			大学生	。
形容詞述語文		我	很	忙				。
動詞述語文		我		去			中国	。

2. 否定文（否定詞が修飾語となる）

	連体修飾語	中心語	連用修飾語	中心語	補語	連体修飾語	中心語	
判断文		我	不	是			大学生	。
形容詞述語文		我	不	忙				。
動詞述語文		我	不／没(有)	去			中国	。
動詞述語文（特例）		我	没	有			钱	。

3. 疑問文

	連体修飾語	中心語	連用修飾語	中心語	補語	連体修飾語	中心語	
語気助詞		你		买			书	吗？
疑問詞		你		买		几本	书	？
肯定・否定型		你		买 不买			书	？
助動詞		你	想 不想	买			书	？
前置詞構造		你	在 不在 书店	买			书	？

4. 修飾語

	連体修飾語	中心語	連用修飾語	中心語	補語	連体修飾語	中心語	
副詞		老师	也	买			笔记本	。
助動詞		老师	(不)想	买			笔记本	。
前置詞構造		老师	(不)在 商店	买			笔记本	。
構造助詞	她 的	老师		买		那个	笔记本	。

5. 補語

	連体修飾語	中心語	連用修飾語	中心語	補語	連体修飾語	中心語	
方向補語		老师		买	来	一 本	书	。
結果補語		老师	没	买	到		书	。
様態補語		老师		穿	得 很多			。
可能補語		老师		买	得到／不到	那 本	书	。

日常会話で学ぶ
中国語の初歩

王　柯・馮　誼光・石原享一
［著］

朝倉書店

まえがき

　21世紀に入って，中国の経済発展は著しく，中国との経済交流や文化交流もますます盛んになってきました。中国語学習ブームはアジアのみならず，米国やヨーロッパにも広がっています。翻って近年の日中関係において，歴史認識や領土等の問題をめぐって両国間の摩擦が顕在化しているのも事実です。これらの摩擦や対立を緩和して，平和と共存共栄の関係を築いていくには，両国間の相互理解と各界各層の交流を地道に積み重ねていくしかありません。経済交流，文化スポーツ交流，環境技術協力，災害支援，食の安全など相互の協力と交流の可能性は大きく広がっています。それぞれの分野で各個人が交流の担い手となる時代です。そのためには，コミュニケーションの手段としての言語を習得し，ともかく実践的に話せるようになることも必要な条件の1つです。本書の主たる目標もここにあります。

　本書の特徴は，次の3点からなります。第1に，「とっさのひとこと」のような日常会話における慣用表現を重点的に取り入れました。これを学ぶことによって，会話のコツがつかめ，中国語で話してみようという度胸が備わります。第2に，中国語の基礎文法を体系的に整理しました。「文法のポイント」がわかれば，後は独習で語学力を磨いていくこともできます。第3に，「比較文化クイズ」において，中国の社会・文化・人情に触れながら，楽しく中国語を学べる工夫をしました。

　本書の刊行に至るまでには，多くの方々に協力を仰いでおります。とりわけ，折に触れて貴重な意見を寄せて下さった神戸大学の講師の先生方，明晰な発音でCDの吹き込みをして下さった王軍先生，たおやかな筆致で挿絵を描いて下さった門脇佳津代さんには心より謝意を表します。

　本書の刊行にあたって，我々3人が徹底的に議論を重ねてチェックしたつもりではありますが，まだ間違いや不適切な個所が残っているかもしれません。テキストの内容についてはもちろん，授業の進め方についても読者の皆さんから忌憚のない御意見や斬新なアイディアが寄せられんことを期待しております。

著者一同
2025年年初

本書の利用にあたって

◆目標
本書の目標は，次の2点にあります。
1．会話・文法・作文・読解の基礎を身につける。
2．中国の社会や文化に対する興味を喚起し，独習力を培う。

◆本書の特徴と授業の進め方
内容は多岐にわたっているので，それぞれの項目に適した授業方法を取り入れていただくようお願いします。以下は，1つの参考例です。

1．**本文**は日常会話の慣用表現を含んだ実践会話です。基本的に暗唱することを目指します。本文の訳と文法を学んだ後，翌週の授業において数組のペアにこの会話を実演してもらい，得点を競い合ってもよいでしょう。

2．初級中国語で多くの人を苦しめるのが発音です。**発音編**で要点を整理しました。後見返しの**中国語発音記号の読み方のコツ**も初心者にとって便利です。

3．**文法のポイント**は中国語の基礎文法を体系的に説明しています。これを**練習**とともに第1課から第12課まで学ぶことにより，ひととおりの文法の基礎を習得することができます。前見返しの**超シンプルな基本文型**および**主な品詞とその用法**は文法解釈上の土台となります。特に基本文型の表は，あらゆる作文の基本原則を提示しています。

4．**比較文化クイズ**は，ことわざ・語呂合わせ・漢詩・マナー・外来語・運転免許試験・算数の問題などを含んでいます。グループ分けをして得点競争をすることもできます。

5．**提出カード**は毎回の授業後に学生に記入して提出してもらいます。これによって，一方通行的な授業にならないよう，教員と学生とのコミュニケーションが図れます。各人の座席を固定するか，グループを作るかした上で座席順に番号をふっておけば（たとえばC-2），カードの配布に手間はかからないでしょう。

6．付録の**初級編読み物**は提出用小レポートとしても使えます。**とっさのひとことアラカルト**や**中国語カラオケのすすめ**は効果的な学習法であるとともに気分転換にもなります。

◆記号一覧
本書で使用した主な品詞その他の記号は以下のとおりです。

名名詞	動動詞	形形容詞	数数詞	量量詞	助動助動詞
前前置詞	副副詞	感感嘆詞	助助詞	頭接頭辞	尾接尾辞
接接続詞	代代詞（人称代詞・指示代詞・疑問代詞）		慣慣用的用法		呼呼応表現
組フレーズ・その他いくつかの単語の組み合わせ					

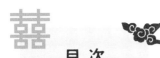

まえがき

本書の利用にあたって

発音編 1

第1課　こんにちは 9
文法のポイント1　人称代詞，指示代詞，語順，判断文("是")，副詞"也" 10
比較文化クイズ1　おもしろ中国語 12

第2課　お久しぶりです 13
文法のポイント2　形容詞述語文，動詞述語文，否定文，完全否定と部分否定 14
比較文化クイズ2　日中文化摩擦 16

第3課　ゆっくり話して下さい 17
文法のポイント3　数詞，量詞，構造助詞"的"を用いた連体修飾語，疑問文 18
比較文化クイズ3　マナーと習慣 20

第4課　子供でもあるまいし 21
文法のポイント4　連用修飾語，副詞，副詞型の連用修飾語，前置詞構造 22
比較文化クイズ4　中華料理のすすめ 24

第5課　言うとおりにします 25
文法のポイント5　"了"の用法，方向・位置を表す名詞，場所を表す指示代詞
　　　　　　　　「存在」の表現，動詞の重ね型 26
比較文化クイズ5　外国ブランド・商品名 28

第6課　どこにお勧めですか 29
文法のポイント6　時間・週・月日の表現，"是"の省略，連動文と兼語文 30
比較文化クイズ6　ことわざ・成語，算数の問題① 32

第7課　慣れましたか 33
文法のポイント7　主述述語文，前置詞"离"，比較，動態助詞"着"と"过" 34
比較文化クイズ7　漢詩に親しもう 36

| 第 8 課　おなかがすいちゃった | …………37 |

- 文法のポイント 8　助動詞，副詞"就"と"才"，"有点儿"と"一点儿" …………38
- 比較文化クイズ 8　運転免許試験 …………40

第 9 課　勘弁してよ …………41

- 文法のポイント 9　単純方向補語，複合方向補語，現象文，二重目的語の文
  百以上の数字の読み方 …………42
- 比較文化クイズ 9　ことわざ・成語，算数の問題② …………44

第 10 課　いったいどうしたの …………45

- 文法のポイント10　結果補語，可能補語，様態補語 …………46
- 比較文化クイズ10　『三国志』にみる中国の外交術 …………48

第 11 課　いくらもしません …………49

- 文法のポイント11　"是…的"構文，"把"構文，受身，使役 …………50
- 比較文化クイズ11　語呂合わせ …………52

第 12 課　とても我慢できないよ …………53

- 文法のポイント12　数量補語，疑問代詞の呼応表現，時制の表現 …………54
- 比較文化クイズ12　中国の手相占い …………56

付録

とっさのひとことアラカルト　日本的習慣に合ったひとこと …………57
初級編読み物　北京伝染病院の思い出 …………58
中国語カラオケのすすめ　(1) 草原情歌　(2) 両只老虎 …………60
中国語音節表 …………62
語句索引 …………64

◆前見返し………超シンプルな基本文型，主な品詞とその用法
◆後見返し………中国語発音記号の読み方のコツ

本文イラスト………門脇佳津代

発音編

中国語は基本的に1漢字1音節である。漢字の音はローマ字で表記され,「ピンイン」("拼音")と呼ばれる。音節は子音・母音(介母音・主母音・韻尾)と声調記号から成る。(62〜63頁の中国語音節表を参照)

❶ 母音

1. 単母音

a 日本語の「ア」より口を大きく開けて舌を下げ,明るい音を出す。

o 日本語の「オ」より口を丸く突き出す。

e 口を半分開け,舌先はどこにもつけない。舌の奥の中央部位を使って「ウ」とも「オ」とも聞こえるように。

i (yi) 日本語の「イ」に近いが,もっと口を横に強く引く。(歯が見える)

u (wu) 唇を丸めて前へ突き出して「ウ」。

ü (yu) 口をやや左右に引き,唇の両端に力を入れ,笛を吹くような形のまま「イ」。(歯は見えない)

2．複母音

ai「アイ」　　　　**ei**「エイ」　　　　**ao**「アオ」　　　　**ou**「オウ」
ia(ya)「イア」　　**ie(ye)**「イエ」　　**iao(yao)**「イアオ」　**iou(you)**「イオウ」
ua(wa)「ウア」　　**uo(wo)**「ウオ」　　**uai(wai)**「ウアイ」　**uei(wei)**「ウエイ」
üe(yue)「ユエ」

er「アル」　eを発音し，舌先をそり上げる。「ア・ル」と2つの音に分かれぬように。

(r化：音節の最後にrがつく場合→6頁コラム参照)

3．鼻音（-n, -ng）を伴う母音

-n	上の歯ぐきの裏に舌をつけて「ヌ」と止める。
-ng	舌先はどこにもつけず，「ん」と最後の音を鼻に抜く。

---

an	「案内」の「案」を発音し，舌先は上の歯ぐきにつける。「アン」。
ang	口を大きく開いたままで「案外」の「案」を発音する。舌先はどこにもつけない。「あん」。
en	単母音のeを発音した後，舌先を上の歯ぐきにつける。「エン」。
eng	口を半分開けたままで，舌の奥から「オん」または「ウん」。
in(yin)	「印鑑」の「印」を発音。「イン」。
ing(ying)	舌先は下の歯につけて，「イ」を発音した後，息を鼻に抜く。「イん」。
ian(yan)	「イエヌ」のつもりで「イエン」。
iang(yang)	「イア」を発音した後，息を鼻に抜く。「イアん」。
ong	口を丸くして「オん」。
iong(yong)	唇をすぼめて「イオん」。
uan(wan)	口を丸くして「ウアン」。
uang(wang)	口を丸くして犬の鳴き声の「ワンワン」のように。「ウアん」。
uen(wen)	口を丸くして「運命」の「運」を発音する。「ウエン」。
ueng(weng)	「ウ」を発音した瞬間にengに変える。「ウオん」。
üan(yuan)	唇をすぼめて「ユエン」または「ユアン」。
ün(yun)	唇をすぼめて「ュィン」。

◆（　）内は，母音の前に子音がつかないときの表記。

❷ 子音

b (o)	p (o)	m (o)	f (o)
d (e)	t (e)	n (e)	l (e)
g (e)	k (e)	h (e)	
j (i)	q (i)	x (i)	
z (i)	c (i)	s (i)	
zh (i)	ch (i)	sh (i)	r (i)

1．無気音と有気音

無気音は息が出るのをひかえめに抑える。有気音はためておいた息を一気に激しく出す。

無気音——**b　d　g　j　z　zh**

有気音——**p　t　k　q　c　ch**

2．同じ母音iをつけるが，子音によって発音が違う。

ji（ジ）　**qi**（チ）　**xi**（シ）　　口を横に引いて「イ」。

zi（ズ）　**ci**（ツ）　**si**（ス）　　口を横に引いて「イ」の形のまま「ウ」。

3．そり舌音

zhi　歯ぐきの出っぱりの奥側（のど側）に舌先をつけて「ヂ」。（無気音）

chi　zhiと同じ形で「チ」。（有気音）

shi　舌はそり舌にするが，歯ぐきの出っぱりに舌先をつけないで「シ」。

ri　shiと同じ形で，声帯（のど）をふるわせて「リ」。

❸ 4つの声調

1．中国語には4種類の「声調」がある（四声）。

第1声：高く平らに伸ばす（55）。　　　　　　例：mā

第2声：自然な高さから急に引き上げる（35）。　例：má

第3声：低く下げてから少し上げる（214）。　　例：mǎ

第4声：高いところからいきなり下げる（51）。　例：mà

◆軽声：前の音節に添えて軽く短く発音する。　　例：ma

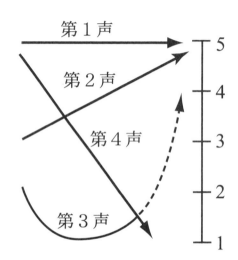

2．声調記号のつけ方

① 母音の上につける。　　　　　　　　　　　　　例：tā　　chē　　wǒ

② 母音が複数あるとき，a o e i uの順でつける。　例：gāi　　tiě　　zhuō

③ iとuが並んだとき，後ろのほうにつける。　　　例：liú　　duì　　huí

④ iの上につけるとき，上の「・」を取る。　　　　例：qí　　chī　　bǐ

◆軽声は声調記号をつけない。

❹ 声調の変化

1．第3声の変化

① 第3声が連続すると，前の第3声は第2声に変わる。

  ní　hǎo　　　　xiáo yǔ
  你　好　　　　小　雨

② 第3声が3つ続くと「第2声・第2声・第3声」になる。4つ続くと「第2声・第3声・第2声・第3声」になる。

  wó　yé　mǎi　　　wó　yě xiáng mǎi
  我　也　买　　　　我　也　想　买

③ 半3声

第3声の後に第1声・第2声・第4声が続くとき，第3声は半3声（21）に変わる。

  wǒ tīng　　　　nǐ　kàn
  我　听（21・55）　你　看（21・51）

         ◆これは読むときの規則で，書くときは本来の声調で。

2．"一" yī の声調変化

"一"はもともと第1声だが，後の漢字の声調によって変調する。

① 後に第1声・第2声・第3声が続くとき，yì。

  yì　tiān　　　yì　nián　　　yìbǎi
  一　天　　　　一　年　　　　一百

② 後に第4声が続くとき，yí。

  yíqiè　　　yídìng
  一切　　　　一定

③ 序数や単語の末尾に"一"があるとき，yī のまま。

  yīyuè　　　wànyī
  一月　　　　万一

発音編……5

3．"不" bù の声調変化

"不"はもともと第4声だが，後の漢字の声調によって変調する。

① 後に第4声が続くとき，bú。

bú huì　　　　bú qù
不 会　　　　不 去

② 同じ動詞あるいは形容詞の間にはさまれるとき，bu（軽声）。

zài bu zài　　　　hǎo bu hǎo
在 不 在　　　　好 不 好

❺ 書き換え規則

1．i u ü が単独で音節になるとき。
　　i ⇨ yi　　　u ⇨ wu　　　ü ⇨ yu

2．i u ü で始まる母音が単独で音節になるとき。
　　ian ⇨ yan　　　uo ⇨ wo　　　üe ⇨ yue

3．j q x y の後では ü の ¨ を取る。
　　jü ⇨ ju　　　qü ⇨ qu　　　xü ⇨ xu　　　yü ⇨ yu

4．iou uei uen の前に子音が来るとき，o と e を取る。
　　j + iou ⇨ jiu　　　d + uei ⇨ dui　　　h + uen ⇨ hun

コラム：r化（儿化）

接尾辞としての "－儿" -r が前の語の末尾につく。語尾はそり舌音。

① 元の音節の発音に変化のない場合：猫儿 māor（猫）

② -n を発音しない場合：一点儿 yìdiǎnr（少し）

③ -i を発音せず，-ar, -er となる場合：
　　小孩儿 xiǎohái r（子供），一会儿 yíhuìr（しばらくの間）

④ 鼻音化する場合：电影儿 diànyǐngr（映画）

⑤ -ir, -ür がそれぞれ -ier, -üer となる場合：
　　有事儿 yǒu shìr（用事がある），小鱼儿 xiǎoyúr（小魚）

発音練習

1. どちらが発音されたかを聞き分けなさい。

① dùzi —— tùzi　　② dúshū —— túshū
　［肚子］(おなか) ［兔子］(うさぎ)　　［读书］(読書する) ［图书］(図書)

③ rénshēn —— rénshēng　　④ qiántou —— quántou
　［人参］(朝鮮人参) ［人生］(人生)　　［前头］(前方) ［拳头］(こぶし)

2. 発音を聞いて声調記号をつけなさい。

① Xianggang　　② kafei　　③ xiao mao
　［香港］(ホンコン)　［咖啡］(コーヒー)　［小猫］(子猫)

④ mama　　⑤ Hanyu　　⑥ cidian
　［妈妈］(母)　［汉语］(中国語)　［词典］(辞書)

3. 声調変化した後の声調記号をつけなさい。

　yiqiān　　　yi cì　　　yibǎi　　　dì yi
① 一千　　② 一 次　　③ 一百　　④ 第 一

　bu hǎo　　buyào　　buxíng　　huì bu huì
⑤ 不 好　　⑥ 不要　　⑦ 不行　　⑧ 会 不 会

4. 書き換え規則に基づいて書き直しなさい。

① iang ⇨ ＿＿＿＿　　② ing ⇨ ＿＿＿＿

③ uan ⇨ ＿＿＿＿　　④ kuei ⇨ ＿＿＿＿

⑤ üan ⇨ ＿＿＿＿　　⑥ diou ⇨ ＿＿＿＿

家族の呼び方

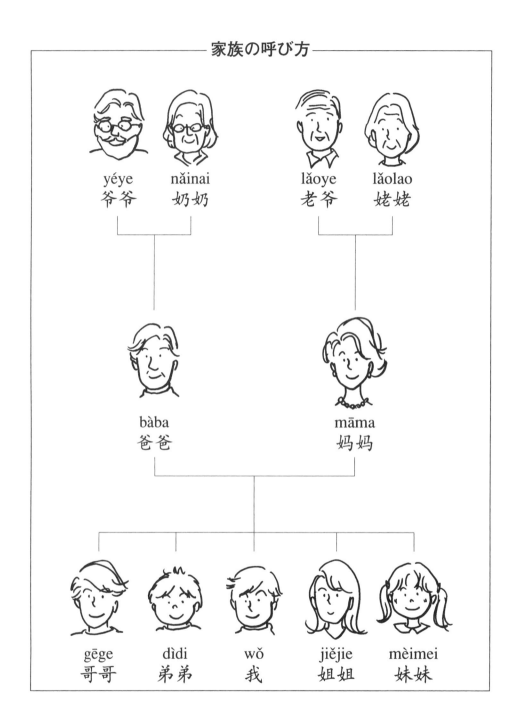

第 1 課 こんにちは

	Nǐ hǎo.	
A：	你 好。	こんにちは。
B：	Nín guìxìng? 您 贵姓？	お名前（姓）は何とおっしゃいますか。
A：	Wǒ xìng Zhōu. 我 姓 周。	私（の姓）は周と申します。
B：	Nǐ jiào shénme míngzi? 你 叫 什么 名字？	お名前（姓名）は何とおっしゃいますか。
A：	Wǒ jiào Zhōu Wénhuá. 我 叫 周 文华。	私は周文華と申します。
B：	Qǐng zài shuō yí biàn. 请 再 说 一 遍。	もう1度おっしゃって下さい。
A：	Wǒ jiào Zhōu Wénhuá. 我 叫 周 文华。	私は周文華と申します。
B：	Wǒ tīngdǒng le. Xièxie. 我 听懂 了。谢谢。	（聞いて）わかりました。ありがとう。
A：	Bú kèqi. 不 客气。	どういたしまして。
B：	Zàijiàn. 再见。	さようなら。

新しい語句

[好] hǎo 形 良い
[贵姓] guìxìng 名 お名前（姓）
[姓] xìng 動（姓は）…である
[叫] jiào 動（名前は）…と言う
[什么] shénme 代 何（の）．どんな
[名字] míngzi 名 名前
[请] qǐng 動 どうぞ（…して下さい）
[再] zài 副 もう1度．また
[说] shuō 動 言う．話す

[一] yī 数 1
[遍] biàn 量 回．遍（動作[全過程]の回数を数える）
[听] tīng 動 聞く
[懂] dǒng 動 わかる．理解する
[了] le 助 …した（完了・事態の変化）
[谢谢] xièxie 動 感謝する．ありがとう
[不] bù 副 …しない
[客气] kèqi 動 遠慮する
[再见] zàijiàn 動 さようなら

文法のポイント1

❶ 人称代詞

	第1人称	第2人称	第3人称	疑問称
単数	wǒ 我	nǐ　　nín 你／您（丁寧語）	tā 他／她	shéi 谁
複数	wǒmen　zánmen 我们／咱们	nǐmen 你们	tāmen 他们／她们	shéi 谁

（"咱们"は話し手のほかに聞き手を含むときのみ用いる）

❷ 指示代詞

	近称	遠称	疑問称
単数	zhè　zhège 这／这个（これ）	nà　nàge 那／那个（それ，あれ）	nǎ　nǎge 哪／哪个（どれ）
複数	zhèxiē 这些（これら）	nàxiē 那些（それら，あれら）	nǎxiē 哪些（どれ，どんな）

❸ 語順

文の各要素の中で，最も重要な役割を果たしているのが<u>述語の中心語</u>である。述語の中心語の性格に基づいて，中国語の文は基本的に以下の3種類に分けられる。

語順の第1次区分	Ⅰ．主語		Ⅱ．述語			Ⅲ．目的語	
語順の第2次区分	連体修飾語	中心語	連用修飾語	中心語	補語	連体修飾語	中心語
1 判断文		Lǎoshī 老师		shì 是			Zhōngguórén 中国人
2 形容詞述語文		Lǎoshī 老师	hěn 很	máng 忙			
3 動詞述語文		Lǎoshī 老师		qù 去			Zhōngguó 中国

（各文は必ずしも各要素をすべて備えているわけではない）　　＊老师：先生，很：とても，去：行く

❹ 判断文（"是"）

"是"が述語の中心語になり，人や物事が何であるかを判断する。

＊也：…も，城市：都市

❺ 副詞 "也"

副詞は連用修飾語として述語の中心語の前に置く。

*吃：食べる，面：麺（類）

1. 次の名詞を用いて判断文を作りなさい。

Rìběnrén　xuésheng　lǎoshī　chánguǐ
日本人　　学生　　　老师　　馋鬼（食いしん坊）

kèběn　　　　　bǐjìběn　　　　　shūbāo　　　　　shǒujī
课本（教科書）　笔记本（ノート）　书包（かばん）　手机（携帯電話）

2. 次の語を並べ替えなさい。

　　　sìyuè　shì　zhōngxún　xiànzài
1) 四月　是　中旬　　　现在　　　　　（今は4月の中旬です）

　　shì　rén　yě　dàxuéshēng　zhèxiē
2) 是　人　也　大学生　　　这些　　　（これらの人も大学生です）

　　rè　shì　nàxiē　yě　mántou
3) 热　是　那些　也　馒头　　　　　　（それらもほかほかのマントーです）

　　yǐzi　de　zhè　shéi　shì
4) 椅子　的　这　谁　是　　　　　　　（これは誰の椅子ですか）

　　lǎoshī　shì　de　yě　wǒmen　lǎoshī　Wáng
5) 老师　是　的　也　我们　老师　王　（わたしたちの先生も王先生です）

比較文化クイズ 1

おもしろ中国語

Q. 次の中国語は日本語ではどんな意味に相当するでしょう。（　）の文字数に合う意味を答えなさい。

□：漢字　○：ひらがな　△：カタカナ

1. 美甲　měijiǎ
   （△△△△△）
   ヒント："甲"は爪のこと。

2. 海龟族　hǎiguīzú
   （□□□□からの帰国組）
   ヒント：中国の各界で活躍中の人が多い。

3. 花样滑冰　huāyàng huábīng
   （△△△△△△△△△）
   ヒント："花样"は模様あるいは型のこと。

4. 次贷　cìdài
   （△△△△△△・△△△）
   ヒント：2007年の世界的な金融危機の元凶。

5. 床头柜　chuángtóuguì
   （□□□）
   ヒント：ベッドの脇の食器棚（サイドボード）。"柜"は"跪"（ひざまずく）と発音が同じ。

6. 扫晴娘　sǎoqíngniáng
   （○○○○□□）
   ヒント：箒をもった女の形に紙を切り抜いて軒下に提げておく。

7. 熬点　áodiǎn
   （○○○）
   ヒント：日本食。上海のコンビニで串刺しにして売り出したら大人気。"关东煮"Guāndōngzhǔ ともいう。

8. 减肥　jiǎnféi
   （△△△△△）
   ヒント：これ用のお茶も有名。

9. 月光族　yuèguāngzú
   （□□□□）
   ヒント：毎月の給料を使い切って、ぜいたくな消費をする若者たち。

10. 吹牛　chuīniú
    （○○を吹く）
    ヒント：牛皮の浮き袋を大きく膨らませることから。

11. 三只手　sān zhī shǒu
    （○○）
    ヒント：3本の手をもつやつ。

12. 吃软饭　chī ruǎnfàn
    （○○）
    ヒント：男の風上にも置けないやつ。

13. 动画片　dònghuàpiàn
    （△△△）
    ヒント：動く漫画

14. 饭团　fàntuán
    （○○○○）
    ヒント：中国では、中に中華風の炒め物を入れたのが人気。

15. 空巢老人　kōngcháo lǎorén
    （□□老人）
    ヒント：中国では老夫婦2人の場合も含みます。

第 2 課 お久しぶりです

A： Ràng nǐ jiǔ děng le.
让 你 久 等 了。　　　　　　　お待たせしました。

B： Méi guānxi.
没 关系。　　　　　　　　　　かまいません。

A： Hǎojiǔ bú jiàn le.
好久 不 见 了。　　　　　　　お久しぶりです。

B： Shēntǐ zěnmeyàng?
身体 怎么样？　　　　　　　　お元気ですか。

A： Hái kěyǐ.
还 可以。　　　　　　　　　　まあまあです。

B： Zuìjìn máng ma?
最近 忙 吗？　　　　　　　　近ごろお忙しいですか。

A： Mǎmǎhūhū.
马马虎虎。　　　　　　　　　ぼちぼちです。

B： Qǐng zhùyì shēntǐ.
请 注意 身体。　　　　　　　お体に気をつけて。

A： Xièxie.
谢谢。　　　　　　　　　　　ありがとう。

新しい語句

[让] ràng 動…させる
[久] jiǔ 形久しい
[等] děng 動待つ
[没关系] méi guānxi 組かまわない
[好久] hǎojiǔ 形長い間
[见] jiàn 動会う
[身体] shēntǐ 名体
[怎么样] zěnmeyàng 代どのような

[还] hái 副まあまあ．どうやら
[可以] kěyǐ 形よろしい
[最近] zuìjìn 名近ごろ
[忙] máng 形忙しい
[吗] ma 助…か(疑問)
[马马虎虎] mǎmǎhūhū 形いいかげんだ．まずまずだ
[注意] zhùyì 動注意する

文法のポイント2

❶ 形容詞述語文 ……形容詞が述語の中心語になる（"是"を用いない）。

*件：着（上着類を数える），贵：（値段が）高い

❷ 動詞述語文 ……動詞が述語の中心語になる。

*喝：飲む，啤酒：ビール

*看：読む，見る

❸ 否定文 ……述語の中心語の前に否定詞（"不／没"）を置く。

判断文と形容詞述語文では，"不"しか用いない。
動詞述語文では"不"は「…しない」，"没"は「…しなかった」。

語順の第1次区分	Ⅰ．主語		Ⅱ．述語			Ⅲ．目的語		
語順の第2次区分	連体修飾語	中心語	連用修飾語	中心語	補語	連体修飾語	中心語	
判断文		Wǒ 我	bú 不	shì 是			lǎoshī 老师	。
形容詞述語文	Zhèli de 这里的	mántou 馒头	bù 不	hǎochī 好吃				。
動詞述語文①		Lǎoshī 老师	bù 不	mǎi 买			shū 书	。
②		Lǎoshī 老师	méi 没	mǎi 买			shū 书	。
③		Wǒ 我	méi 没	(yǒu) (有)			qián 钱	。

（動詞述語文③は特例。"有"の否定は"没（有）"のみ）

*这里：ここ，好吃：おいしい，买：買う

❹ 完全否定と部分否定

副詞と否定詞の順序を逆にすると、否定の範囲も変わる。

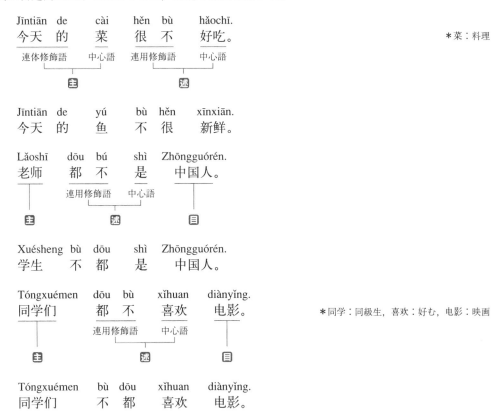

*菜：料理

*同学：同級生，喜欢：好む，电影：映画

次の文の誤りを直しなさい。

1. Zhège xuéxiào shì hěn dà.
   这个 学校 是 很 大。　　　　　　　　　　（この学校はとても大きいです）

2. Jiǎozi shì hǎochī, mántou bú shì hǎochī.
   饺子 是 好吃，馒头 不 是 好吃。
   　　　　　　　　　　　　　　　　　　（餃子は美味しいですが，マントーは美味しくありません）

3. Wǒ qián méiyǒu.
   我 钱 没有。　　　　　　　　　　　　（わたしはお金を持っていません）

4. Qīngdǎo de xiàtiān shì hěn rè bù.
   青岛 的 夏天 是 很 热 不。　　　　　　　（青岛の夏はあまり暑くありません）

5. Wǒ bù yǒu mèimei.
   我 不 有 妹妹。　　　　　　　　　　　（わたしには妹がいません）

6. Nǐ zuótiān méi máng ma?
   你 昨天 没 忙 吗?　　　　　　　　　　（昨日あなたは忙しくありませんでしたか）

比較文化クイズ 2

日中文化摩擦

Q．次のa～iに入る語を，下のア～カから選びなさい。

1．JALの北京発成田行きが大雪のために関西空港に緊急着陸した。JALはトランジットの中国人乗客60人だけを空港に残した上，5時間も経った深夜3時ごろになって，ようやくある食品（a）を出した。ところが，これがさらに彼らの怒りを買うことになった。では，どんな食品（b）ならよかっただろうか。

2．中国ではある動物（c）は他人をののしるときに使われることがあり，その置物を贈ったりしてはいけない。

3．中国ではプレゼントの包装紙も，ある色（d）のものは死を意味するので好まれない。日本ではピンク色に「ポルノ的」という意味をもたせることもあるが，中国では何色（e）がそれに相当するか。

4．中国では高齢の人の誕生祝いとして，ある文字（f）の入った品物を贈る。また結婚祝いには，別のある文字（g）の入った品物を贈る。

5．香港の多くの家庭では，ある飲料（h）を沸騰させ，それにショウガの搾り汁とレモンの輪切りを加えたものを風邪薬として服用する。喫茶店の定番メニューにもある。

6．中国トップの家電メーカー，ハイアール（海爾）社のオリジナル製品に，ある物（i）を洗うため専用に開発された洗濯機がある。

1．ア．杯装方便面 bēizhuāng fāngbiànmiàn（カップラーメン）
　　イ．三明治 sānmíngzhì（サンドイッチ）　ウ．咖喱饭 gālífàn（カレーライス）
　　エ．寿司 shòusī（すし）
2．ア．兔子 tùzi（うさぎ）　イ．龟 guī（亀）　ウ．老虎 lǎohǔ（虎）
　　エ．小猫 xiǎo māo（子猫）
3．ア．白色 báisè（白）　イ．黑色 hēisè（黒）
　　ウ．红色 hóngsè（赤）　エ．黄色 huángsè（黄）
4．ア．富 fù　イ．寿 shòu　ウ．喜 xǐ　エ．福 fú
5．ア．绍兴酒 shàoxīngjiǔ（紹興酒）　イ．牛奶 niúnǎi（牛乳）
　　ウ．可乐 kělè（コーラ）　エ．普洱茶 pǔ'ěrchá（プーアル茶）
6．ア．土豆 tǔdòu（じゃがいも）　イ．白菜 báicài（白菜）　ウ．鞋 xié（靴）
　　エ．地毯 dìtǎn（じゅうたん）

第 3 課 ゆっくり話してください

Tiánzhōng Chún： Duìbuqǐ, yǒu jìniàn yóupiào ma?
田中 纯：对不起，有 纪念 邮票 吗?

shòuhuòyuán： Yǒu. Nǐ yào jǐ zhāng?
售货员：有。你 要 几 张?

Zhè zhǒng yóupiào shì bu shì xīn yóupiào?
田中 纯：这 种 邮票 是 不 是 新 邮票?

Shì zuì xīn de yóupiào.
售货员：是 最 新 的 邮票。

Wǒ mǎi liǎng zhāng. Duōshao qián?
田中 纯：我 买 两 张。多少 钱?

Yígòng shí'èr yuán.
售货员：一共 十二 元。

Nǐ shuō shénme? Qǐng màn diǎnr shuō.
田中 纯：你 说 什么? 请 慢 点儿 说。

Yì zhāng liù yuán, liǎng zhāng shí'èr yuán.
售货员：一 张 六 元，两 张 十二 元。

Míngbai le.
田中 纯：明白 了。

新しい語句

[纪念邮票] jìniàn yóupiào 組 記念切手
[售货员] shòuhuòyuán 名 店員
[要] yào 動 要る
[几] jǐ 代 いくつ (10以下の数を尋ねる．後ろに量詞が必要)
[张] zhāng 量 枚 (紙などの平らな物を数える)
[种] zhǒng 量 種 (種類を数える)
[新] xīn 形 新しい
[最] zuì 副 最も
[多少] duōshao 代 いくつ
[一共] yígòng 副 合わせて
[元] yuán 量 通貨単位．1元 (口語では"块" kuài) =10角 jiǎo (同"毛" máo) =100分 fēn
[慢] màn 形 遅い
[点儿] diǎnr 量 少し
[明白] míngbai 動 わかる

とっさのひとこと

- 对不起。Duìbuqǐ. すみません
- 多少钱? Duōshao qián? おいくらですか
- 你说什么? Nǐ shuō shénme?
  何と言いましたか
- 请慢点儿说。Qǐng màn diǎnr shuō.
  ゆっくり話して下さい
- 明白了。Míngbai le. わかりました

文法のポイント3

❶ 数詞

「99」までの組み合わせは日本語と同じ。

líng	yī	èr	sān	sì	wǔ	liù	qī	bā	jiǔ	shí
0	1	2	3	4	5	6	7	8	9	10

shíyī	èrshí	sìshibā	liùshisì	jiǔshijiǔ
11	20	48	64	99

❷ 量詞

数詞と名詞，指示代詞と名詞の間に量詞を入れる（"的"は用いない）。

数詞＋量詞＋名詞　　　指示代詞＋量詞＋名詞　　　指示代詞＋数詞＋量詞＋名詞

yí ge rén　　　zhè ge rén　　　zhè yí ge rén
一 个 人　　　这 个 人　　　这 一 个 人

liǎng jiàn yīfu　　　nà jiàn yīfu　　　nà liǎng jiàn yīfu
两 件 衣服　　　那 件 衣服　　　那 两 件 衣服

sān běn shū　　　nǎ běn shū　　　nǎ sān běn shū
三 本 书　　　哪 本 书　　　哪 三 本 书

（1桁の「2」の後ろに量詞があれば，"二"ではなく，"两"を用いる）

❸ 構造助詞"的"を用いた連体修飾語

1）**名詞＋名詞**

Liùjiǎshān de yězhū
六甲山 的 野猪

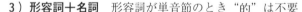

2）**代詞＋名詞**

wǒ de yǎnjing
我 的 眼睛

※家族関係を表すとき"的"を省略

wǒ māma
我 妈妈

3）**形容詞＋名詞**　形容詞が単音節のとき"的"は不要

gāo lóu　　dà shù
高 楼　　大 树

※複音節のときや修飾語があるとき"的"は必要

piàoliang de huār　　hěn dà de shù
漂亮 的 花儿　　很 大 的 树

＊漂亮：きれいだ

4）**"的"の後の名詞を省略して「…のもの」**

Wǒ de shì xīn de.　　Zhè shì wǒ mǎi de.
我 的 是 新 的。　　这 是 我 买 的。

❹ 疑問文

3種類に分けられる（2種類以上を同時に用いることはできない）。

1）文末に語気助詞"吗"を用いる……回答は"吗"を取り，肯定または否定を用いる。

Nà shì xióngmāo ma?　　　　Shì, nà shì xióngmāo.
那　是　熊猫　吗？　→　是，那　是　熊猫。

Nǐ huí jiā ma?　　　　Bù, wǒ bù huí jiā.
你　回　家　吗？　→　不，我　不　回　家。　　＊回：帰る

Zhōngwén nán ma?　　　　Hěn nán.
中文　难　吗？　→　很　难。

2）述語の肯定・否定型……回答は肯定または否定を用いる。

Nà shì bu shì xióngmāo?　　　　Nà shì xióngmāo.
那　是　不　是　熊猫？　→　那　是　熊猫。
　　肯定　否定

Nǐ huí bu huí jiā?　　　　Wǒ bù huí jiā.
你　回　不　回　家？　→　我　不　回　家。
　　肯定　否定

Zhōngwén nán bu nán?　　　　Zhōngwén bù nán.
中文　难　不　难？　→　中文　不　难。
　　　肯定　否定

3）疑問詞……文末に"吗"を用いることはできない。回答は語順を変えず，疑問詞の位置に名詞・代詞・数詞を用いる。

Shéi dǎ guójì diànhuà?　　　　Wǒ dǎ guójì diànhuà.
谁　打　国际　电话？　→　我　打　国际　电话。
主　述　　　　目

Nǐ chī shénme?　　　　Wǒ chī miàn.
你　吃　什么？　→　我　吃　面。
主　述　目

練習 3

1. 次の数量詞と名詞を組み合わせなさい。

数詞： 1　2　3　4　5　6　7　8　9　10　11　20　48

　　　　　　jiàn　　　ge　　　　zhāng　　　　zhī　　　　zhī　　　　jiā
量詞：　件（着）　个（個）　张（枚）　支（本）　只（頭）　家（軒）

　　　　　　yīfu　yóupiào diànhuà xióngmāo yězhū yóujú gōngsī qiānbǐ
名詞：　衣服　邮票　电话　熊猫　野猪　邮局　公司　铅笔

2. 次の語を並べ替えなさい。

　　　ge péngyou zhè nǐ de rén shì sān bu shì
1）个　朋友　这　你　的　人　是　三　不　是　　（この3人はあなたの友人ですか）

　　　méi zuótiān dǎ dǎ diànhuà nǐ
2）没　昨天　打　打　电话　你　　（昨日あなたは電話を掛けましたか）

　　　míngbai nǐ Zhāng lǎoshī huà de méi míngbai
3）明白　你　张　老师　话　的　没　明白　　（張先生の話がわかりましたか）

比較文化クイズ 3

マナーと習慣

Q. 次のような行為は中国人のマナーと習慣に合っているでしょうか。○か×で答えなさい。

1．友人が結婚することになったので，お祝いに置き時計〈座钟 zuòzhōng〉をプレゼントした。（　）

2．結婚式〈婚礼 hūnlǐ〉に招待されたので，黒の礼服〈礼服 lǐfú〉に白いネクタイ〈白色领带 báisè lǐngdài〉で出席した。（　）

3．代表団の団長として団員とともに歓迎会〈欢迎会 huānyínghuì〉に招待され，5分前に着いた。丸テーブルだったのでホスト〈主人 zhǔren〉の右隣の席に座った。（　）

4．タンメン〈汤面 tāngmiàn〉が出されたので，それをテーブルに置いたまま，右手に箸〈筷子 kuàizi〉，左手にちりれんげ〈汤匙 tāngchí〉を持って音を立てないように食べた。（　）

5．友人宅でごちそうになった。盛り皿〈盘子 pánzi〉に1切れだけ残っており，残しては悪いと思い，頑張って食べた。（　）

6．向いの人と乾杯〈干杯 gānbēi〉をすることになった。グラスを合わせるには席が離れていたので，お互いにビールジョッキ〈大啤酒杯 dà píjiǔbēi〉でテーブルをトントンと鳴らした。（　）

7．数人でヤムチャ〈饮茶 yǐnchá〉をしていたら，隣席の人がコップにお茶を入れてくれた。他の人と話していたので，人さし指〈食指 shízhǐ〉でテーブルを叩いて謝意を示した。（　）

8．自分が主催する宴会だったので，レストラン〈饭馆儿 fànguǎnr〉には30分前に着いて待っていた。取り箸〈公筷 gōngkuài〉が置いてなかったので，最初に自分用の箸で客〈客人 kèren〉の皿に料理〈菜 cài〉を取り分けてあげた。（　）

9．中国に進出した日系の居酒屋〈小酒馆儿 xiǎo jiǔguǎnr〉で，日本人の板前〈厨师 chúshī〉が日ごろから目をかけている中国人の見習いのしくじりを見つけた。日本人ならゲンコツを一発見舞うところだが，外国人なのでコツンと軽く頭を叩いて注意した。（　）

第 4 課　子供でもあるまいし

Tiánzhōng Chún： Nǐ hǎoxiàng yǒudiǎnr bù shūfu?
田中　纯：你 好像 有点儿 不 舒服？

Zhōu Wénhuá： Méi shìr, jiùshì yǒudiǎnr lèi.
周　文华：没 事儿，就是 有点儿 累。

Zánmen yìqǐ qù kàn diànyǐng ba.
田中　纯：咱们 一起 去 看 电影 吧。

Wǒ duì wǔdǎpiàn bù gǎn xìngqù.
周　文华：我 对 武打片 不 感 兴趣。

Jīntiān shì gùshipiàn «Huáng tǔdì».
田中　纯：今天 是 故事片 《黄 土地》。

Hǎo, qī diǎn zài diànyǐngyuàn ménkǒu jiàn.
周　文华：好，七 点 在 电影院 门口 见。

Cóng xuéxiào dào diànyǐngyuàn hěn yuǎn, lùshang xiǎoxīn.
田中　纯：从 学校 到 电影院 很 远，路上 小心。

Fàngxīn ba. Wǒ yòu bú shì háizi.
周　文华：放心 吧。我 又 不 是 孩子。

新しい語句

[好像] hǎoxiàng 副…のようだ
[有点儿] yǒudiǎnr 副少し
[舒服] shūfu 形気分がよい
[事儿] shìr 名事．出来事
[就是] jiùshì 副…にすぎない
[累] lèi 形疲れている
[一起] yìqǐ 副一緒に
[吧] ba 助
　　…しよう(勧誘)．…しなさいよ(要請)
[对] duì 前…に対して
[武打片] wǔdǎpiàn 名アクション映画
[感兴趣] gǎn xìngqù 組興味を持つ
[故事片] gùshipiàn 名劇映画
[《黄土地》] «Huáng tǔdì» 名「黄色い大地」
[点] diǎn 名…時(時刻の単位)
[在] zài 前…で．…に
[电影院] diànyǐngyuàn 名映画館
[门口] ménkǒu 名入口．玄関

[从] cóng 前…から
[到] dào 前…まで
[远] yuǎn 形遠い
[路上] lùshang 名途中
[小心] xiǎoxīn 動気をつける．用心する
[放心] fàngxīn 動安心する
[又] yòu 副否定を強調する
[孩子] háizi 名子供

とっさのひとこと

■不舒服。Bù shūfu. 気分がすぐれません
■没事儿。Méi shìr. 大したことありません
■好。Hǎo. オッケー(OK)．いいよ
■又不是孩子。Yòu bú shì háizi.
　子供でもあるまいし

文法のポイント4

❶ 連用修飾語

述語の中心語の前に置かれ，状態・程度・時間・場所などを表す。

語順の第1次区分		Ⅰ．主語		Ⅱ．述語			Ⅲ．目的語		
語順の第2次区分		連体修飾語	中心語	連用修飾語	中心語	補語	連体修飾語	中心語	
1	副詞		Lǎoshī 老师	yě bú 也 不	shì 是			Zhōngguórén 中国人	。
2	否定詞		Lǎoshī 老师	bù 不	máng 忙				。
3	助動詞		Lǎoshī 老师	(bù) xiǎng （不）想	chī 吃			fàn 饭	。
4	前置詞構造		Lǎoshī 老师	(bú) zài shāngdiàn （不）在 商店	mǎi 买			shuǐguǒ 水果	。

＊想：…したい，水果：果物

❷ 副詞

"也"は他の副詞と一緒に用いるとき，前に置く。

❸ 副詞型の連用修飾語

副詞のほかに，一部の疑問代詞と形容詞・名詞も連用修飾語になる。

a) 疑問代詞

Nǐ zěnme qù xuéxiào?
你 怎么 去 学校？

＊怎么：どのように

b) 単音節形容詞

Nǐ duō chī diǎnr.
你 多 吃 点儿。

Láng lái le, kuài pǎo.
狼 来 了，快 跑。

＊跑：逃げる

c) 時間を表す名詞……名詞型の時間詞は文の最初に置くこともある。

Nǐ míngtiān lái xuéxiào ma?
你 明天 来 学校 吗？

Míngtiān, nǐ lái xuéxiào ma?
明天，你 来 学校 吗？

❹ **前置詞構造**（前置詞＋名詞）

連用修飾語になる。否定詞は動詞の前ではなく，前置詞の前に置く。

1）**在** zài 前 …で

  Wǒ zài jiā chī fàn.　　　Wǒ bú zài jiā chī fàn.
  我 在 家 吃 饭。 → 我 不 在 家 吃 饭。
  　 ── ──　　　　　　　 ── ──
  連用修飾語 中心語　　　　連用修飾語 中心語

2）**给** gěi 前 …に，…へ

  Tā gěi tóngxué xiě xìn.　　　Tā bù gěi nǚpéngyou xiě xìn.
  他 给 同学 写 信。 → 他 不 给 女朋友 写 信。
  　　　　　　　　　　　　　　　　　　　＊写：書く，信：手紙，女朋友：ガールフレンド

3）**从** cóng 前 …から

  Wǒ cóng Běijīng chūfā.　　　Tā bù cóng Běijīng chūfā.
  我 从 北京 出发。 → 他 不 从 北京 出发。

4）**到** dào 前 …へ，…に，…まで

  Wǒ dào Sūzhōu qù.　　　Tā bú dào Shànghǎi qù.
  我 到 苏州 去。 → 他 不 到 上海 去。　　　　　　＊苏州：蘇州

5）**对** duì 前 …に対して（心の動きを表すとき否定詞は動詞の前）

  Wǒ duì zhèngzhì hěn guānxīn.　　　Tā duì zhèngzhì bù hěn guānxīn.
  我 对 政治 很 关心。 → 他 对 政治 不 很 关心。

練習4 次の文の空欄に適当な語を入れなさい。

  Lǐ Lì yě ___ Xī'ān ___ Guǎngzhōu qù.
1. 李 力 也 ___ 西安 ___ 广州 去。

  Wǒ gēge cónglái bú ___ xuéxiào guòyè.
2. 我 哥哥 从来 不 ___ 学校 过夜。　　　　＊从来：これまで，过夜：夜を明かす

  Wǒ chángcháng ___ zǎoshang kāishǐ xuéxí.
3. 我 常常 ___ 早上 开始 学习。　　　　＊常常：いつも，早上：朝，开始：始める

  Tā wèi shénme ___ tā mèimei bù wēnróu?
4. 他 为 什么 ___ 他 妹妹 不 温柔？　　　　＊为什么：なぜ，温柔：優しい

  Nǐ ___ bu ___ nǐ jiějie dǎ diànhuà?
5. 你 ___ 不 ___ 你 姐姐 打 电话？　　　　＊姐姐：姉

比較文化クイズ 4

中華料理のすすめ

Q. 次の料理は何でしょう。下のア〜フから選びなさい。

1. 蚂蚁上树　　mǎyǐ shàngshù　　（　）
2. 担担面　　　dàndànmiàn　　　（　）
3. 油条　　　　yóutiáo　　　　　（　）
4. 拔丝苹果　　básī píngguǒ　　　（　）
5. 三不粘　　　sānbùzhān　　　　（　）
6. 清蒸草鱼　　qīngzhēng cǎoyú　（　）
7. 水饺　　　　shuǐjiǎo　　　　　（　）
8. 燕窝汤　　　yànwōtāng　　　　（　）
9. 酸辣汤　　　suānlàtāng　　　　（　）
10. 涮羊肉　　　shuànyángròu　　　（　）
11. 什锦锅巴　　shíjǐn guōbā　　　（　）
12. 麻婆豆腐　　mápó dòufu　　　　（　）
13. 虾仁炒米粉　xiārén chǎomǐfěn　（　）
14. 龙虎斗　　　lónghǔdòu　　　　（　）
15. 糖醋里脊　　tángcù lǐji　　　　（　）
16. 鱼翅汤　　　yúchìtāng　　　　（　）
17. 西米露　　　xīmǐlù　　　　　　（　）
18. 皮蛋粥　　　pídànzhōu　　　　（　）
19. 杏仁豆腐　　xìngrén dòufu　　（　）
20. 花卷儿　　　huājuǎnr　　　　　（　）
21. 豆沙包　　　dòushābāo　　　　（　）
22. 北京烤鸭　　Běijīng kǎoyā　　（　）
23. 炸田鸡　　　zhátiánjī　　　　（　）
24. 锅贴儿　　　guōtiēr　　　　　（　）
25. 富贵鸡　　　fùguìjī　　　　　（　）
26. 醉蟹　　　　zuìxiè　　　　　　（　）
27. 乌鸡火锅　　wūjī huǒguō　　　（　）
28. 小笼包　　　xiǎolóngbāo　　　（　）

ア．あんまん
イ．つばめの巣スープ
ウ．酸味唐辛子入りの五目スープ
エ．せいろうで蒸した小ぶりの肉まん
オ．ピータン（塩・石灰・泥などで漬けた卵）入りのおかゆ
カ．タンタンメン（ピリ辛麺）
キ．ヨウティアオ（細長い揚げパン）
ク．蒸したソウギョ
ケ．花の形をした蒸しパン
コ．アンニンドーフ（牛乳羹入りシロップ）
サ．こじきどり（鶏を丸ごとハスの葉に包み、粘土で固めて蒸し焼きにしたもの）
シ．えびと野菜入りの炒めビーフン
ス．おこげの五目あんかけ
セ．マーボードーフ
ソ．北京ダック
タ．水餃子
チ．ふかひれスープ
ツ．羊肉のしゃぶしゃぶ
テ．春雨にひき肉炒めをからめたもの
ト．酢豚（揚げ豚の甘酢あんかけ）
ナ．皿にも箸にも歯にもくっつかない餅菓子
ニ．かえるのフライ
ヌ．サゴ椰子の樹心から採った澱粉粒入りシロップ
ネ．りんごのあめ煮
ノ．焼き餃子
ハ．ウコッケイ（骨・皮・肉の黒い鶏）の寄せ鍋
ヒ．生きたかにの老酒漬け
フ．蛇肉・猫肉合わせ

第 5 課 言うとおりにします

田中 純： Jīntiān de diànyǐng yǒu yìsi ma?
　　　　今天 的 电影 有 意思 吗？

周 文华： Hěn gǎnrén. Wǒ liúle hěn duō yǎnlèi.
　　　　很 感人。我 流了 很 多 眼泪。

田中 純： Āi, qiánbianr hǎoxiàng yǒu jiā kāfēidiàn.
　　　　哎，前边儿 好像 有 家 咖啡店。

周 文华： Duì, zài Xīnhuá shūdiàn pángbiānr.
　　　　对，在 新华 书店 旁边儿。

田中 純： Qù nà jiā kāfēidiàn zuòzuo ba.
　　　　去 那 家 咖啡店 坐坐 吧。

周 文华： Xíng, tīng nǐ de. Nàr de qìfēn búcuò.
　　　　行，听 你 的。那儿 的 气氛 不错。

田中 純： Shì ma? Nǐ zěnme zhīdao?
　　　　是 吗？你 怎么 知道？

周 文华： Zuótiān hé tóngxué zài nàli hēle yì bēi kāfēi.
　　　　昨天 和 同学 在 那里 喝了 一 杯 咖啡。

新しい語句

[感人] gǎnrén 形 感動的だ
[流] liú 動 流す
[了①] le 助 …した(動作の完了)
[眼泪] yǎnlèi 名 涙
[哎] āi 感 ねえ．おい(注意を喚起する)
[前边儿] qiánbianr 名 前．前方
[有] yǒu 動 …がある
[咖啡店] kāfēidiàn 名 喫茶店
[对] duì 形 そのとおりだ
[在] zài 動 …にある
[新华书店] Xīnhuá shūdiàn 名 新華書店
[旁边儿] pángbiānr 名 横．そば
[坐] zuò 動 座る
[的] de 助 …のこと．…のもの(名詞の代わり)
[那儿] nàr 代 あそこ
[气氛] qìfēn 名 雰囲気

[不错] búcuò 形 良い
[怎么] zěnme 代 なぜ
[知道] zhīdao 動 知っている．わかる
[和] hé 前 …と
[那里] nàli 代 あそこ
[杯] bēi 量 杯(カップなどに入った物を数える)

とっさのひとこと

■ 有意思。Yǒu yìsi. 面白い
■ 行。Xíng. よろしい．いいですよ
■ 听你的。Tīng nǐ de. 言うとおりにします
■ 是吗? Shì ma? そうですか
■ 你怎么知道? Nǐ zěnme zhīdao?
　 あなたはどうして知っているんですか

文法のポイント5

❶ "了" の用法

"了"は，文における働きや用法によって"了①"と"了②"に分けられる。

1）"了①"（動態助詞）

動詞の後に置かれ，動作の完了を表す。否定は，"没"を動詞の前に置き，"了"は取る。

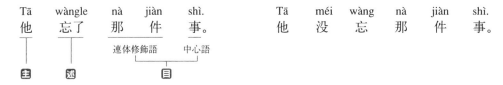

2）"了②"（語気助詞）

文末に置かれ，a)新しい事態の発生，b) 状況の変化を表す。

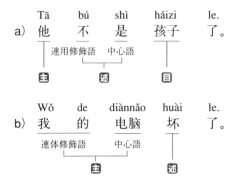

3）動作の完了と状況の変化を同時に表すとき，"了①"と"了②"を併用する。

その場合"了①"は省略可。つまり，"了②"は"了①"の役割を兼ねることもある。

   Tā　mǎile　diànnǎo　le.　　Tā　mǎi　diànnǎo　le.
   他　买了①　电脑　了②。　⟶　他　买　电脑　了②。

4）目的語があるときに注意すべきこと

目的語に連体修飾語をつけなければ，"了①"では文を言い切ることができない。

   Tā　hēle　kāfēi, …….
   她　喝了①　咖啡，……。

目的語に連体修飾語をつけると文を言い切ることができる。

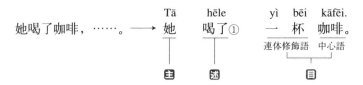

❷ 方向・位置を表す名詞

2タイプある。Aは単独使用不可，Bは単独使用可（Bは"边儿"bianr の代わりに"面"miàn を用いることも）。

A	shàng 上	xià 下	qián 前	hòu 后	zuǒ 左	yòu 右	lǐ 里	wài 外
B	shàngbianr 上边儿	xiàbianr 下边儿	qiánbianr 前边儿	hòubianr 后边儿	zuǒbianr 左边儿	yòubianr 右边儿	lǐbianr 里边儿	wàibianr 外边儿

❸ 場所を表す指示代詞

近称(ここ)	遠称(そこ，あそこ)	疑問称(どこ)
zhèli　zhèr 这里／这儿	nàli　nàr 那里／那儿	nǎli　nǎr 哪里／哪儿

❹「存在」の表現

述語が"在"のときは場所が後，"有"のときは場所が前。

　　　Shū　zài　zhuōzi　shang.　　Zhuōzi　shang　yǒu　yì　běn　shū.
　　　书　　在　　桌子　　上。　　　桌子　　上　　有　　一　　本　　书。　*桌子：机
　　　人／物　　[場所]　　　　　　　[場所]　　　　　人／物（意味上の主語）

❺ 動詞の重ね型

「ちょっと…する」「…してみる」のニュアンス。

　　　Nǐ　chángchang　zhège　cài.　　Wǒ　yě　xuéxíxuexi.
　　　你　　尝尝　　　这个　　菜。　　我　　也　　学习学习。

 次の文の誤りを直しなさい。

　　Jiàoshì li zài rén, jiàoshì wài yě zài rén.
1. 教室　里　在　人，教室　外　也　在　人。
　（教室の中に人がいて，教室の外にも人がいます）

　　Shānkǒu yǒu zuǒ, Mǎlì yǒu yòu.
2. 山口　有　左，玛丽　有　右。
　（山口さんは左側に，マリーは右側にいます）

　　Mǎlì mǎile shū, Shānkǒu mǎi hěn duō lǐwù le.
3. 玛丽　买了　书，山口　买　很　多　礼物　了。
　（マリーは本を買いました。山口さんは多くのプレゼントを買いました）

　　Zuótiān wǒ lái shí, Lǐ lǎoshī yǐjīng qùle Běijīng.
4. 昨天　我　来　时，李　老师　已经　去了　北京。
　（昨日わたしが来たとき，李先生はすでに北京に行った後でした）

比較文化クイズ 5

外国ブランド・商品名

Q．次の外来語に該当する日本語を，下のア～ホから選びなさい。

1．京瓷 Jīngcí （　）
2．谷歌 Gǔgē （　）
3．宝马 Bǎomǎ （　）
4．百事可乐 Bǎishì kělè （　）
5．东方租赁 Dōngfāng zūlìn （　）
6．强生 Qiángshēng （　）
7．维萨卡 Wéisà kǎ （　）
8．锐步 Ruìbù （　）
9．丽娜 Lìnà （　）
10．劳力士 Láolìshì （　）
11．全家便利店 Quánjiā biànlìdiàn （　）
12．假日酒店 Jiàrì jiǔdiàn （　）
13．可果美 Kěguǒměi （　）
14．维尼小熊 Wéiní xiǎoxióng （　）
15．喜力 Xǐlì （　）
16．阿迪达斯 Ādídásī （　）
17．沃尔玛 Wò'ěrmǎ （　）
18．西门子 Xīménzǐ （　）
19．万事达卡 Wànshìdá kǎ （　）
20．格力高 Gélìgāo （　）
21．皇冠 Huángguān （　）
22．彪马 Biāomǎ （　）
23．星巴克 Xīngbākè （　）
24．丰田 Fēngtián （　）
25．蓝山 Lánshān （　）
26．通用汽车 Tōngyòng qìchē （　）
27．百梦多 Bǎimèngduō （　）
28．史努比 Shǐnǔbǐ （　）
29．蝴蝶夫人 Húdié fūrén （　）
30．摩托罗拉 Mótuōluólā （　）

[日本語]
ア．スターバックス（コーヒーショップ）
イ．シーメンス（電機メーカー，独）
ウ．VISAカード
エ．ハイネケン（ビール，オランダ）
オ．マスターカード
カ．オリックス（リース・金融）
キ．京セラ（電子部品メーカー）
ク．グリコ（食品メーカー）
ケ．ペプシコーラ
コ．リーボック（スポーツシューズ，米）
サ．トヨタ（自動車）
シ．ファミリーマート（スーパーマーケット）
ス．モトローラ（携帯電話メーカー，米）
セ．くまのプーさん
ソ．スヌーピー
タ．レナウン（衣料品メーカー）
チ．ジョンソン・エンド・ジョンソン（医薬品メーカー，米）
ツ．アディダス（スポーツ用品，独）
テ．カゴメ（食品メーカー）
ト．プーマ（スポーツ用品，独）
ナ．BMW（自動車，独）
ニ．ウォルマート（スーパーマーケット，米）
ヌ．ハウス・バーモント・カレー
ネ．GM（ゼネラル・モーターズ，米）
ノ．グーグル
ハ．ブルーマウンテン（コーヒー豆）
ヒ．クラウン（自動車）
フ．ホリデイ・イン（ホテル）
ヘ．ロレックス（時計）
ホ．Mitsuko（香水，仏）

第 6 課 どこにお勤めですか

Tiánzhōng Chún： Shūshu、 āyí, nǐmen hǎo.
田中 纯： 叔叔、阿姨，你们 好。

Zhōu Wénhuá fù： Huānyíng, huānyíng, qǐng zuò. Nǐ zài nǎli gōngzuò?
周 文华 父： 欢迎，欢迎，请 坐。你 在 哪里 工作？

　　　　　　　Wǒ zài diànqì gōngsī gōngzuò.
田中 纯： 我 在 电器 公司 工作。

　　　　　　　Jīntiān bú shàngbān ma?
周 文华 父： 今天 不 上班 吗？

　　　　　　　Jīntiān xīngqītiān, dānwèi xiūxi.
田中 纯： 今天 星期天，单位 休息。

Zhōu Wénhuá mǔ： Nǐ jiā yǒu jǐ kǒu rén?
周 文华 母： 你 家 有 几 口 人？

　　　　　　　Sì kǒu rén, bàba、 māma、 jiějie hé wǒ.
田中 纯： 四 口 人，爸爸、妈妈、姐姐 和 我。

　　　　　　　Wǒ qù mǎi cài, qǐng Tiánzhōng chī wǎnfàn.
周 文华 母： 我 去 买 菜，请 田中 吃 晚饭。

　　　　　　　Bié máng le. Yǐjīng sān diǎn le, wǒ jiù zǒu.
田中 纯： 别 忙 了。已经 三 点 了，我 就 走。

新しい語句

[叔叔] shūshu 名 おじさん
[阿姨] āyí 名 おばさん
[欢迎] huānyíng 動 歓迎する
[工作] gōngzuò 動 仕事をする
[电器] diànqì 名 電器（電気器具）
[上班] shàngbān 動 仕事に行く
[星期天] xīngqītiān 名 日曜日
[单位] dānwèi 名 職場
[休息] xiūxi 動 休む
[家] jiā 名 家庭
[口] kǒu 量 人（家族の人数を数える）
[爸爸] bàba 名 お父さん
[和] hé 接 …と
[菜] cài 名 おかず．野菜

[请] qǐng 動 もてなす
[晚饭] wǎnfàn 名 夕飯
[别] bié 副 …するな（禁止）
[就] jiù 副 すぐ
[走] zǒu 動 去る．行く

とっさのひとこと

- 欢迎，欢迎。Huānyíng, huānyíng.　ようこそ
- 请坐。Qǐng zuò.　どうぞお掛け下さい
- 别忙了。Bié máng le.　おかまいにならないで
- 我就走。Wǒ jiù zǒu.　すぐ帰ります

文法のポイント6

❶ 時間・週・月日の表現

1) 時間

時刻：「○時○分前／過ぎ」という表現もあるが，直接「○時○分」で可。

shí'èr diǎn shí fēn　　liǎng diǎn wǔ fēn
十二 点 十 分　　两 点 五 分

「11分」以上であれば，"分"が省略できる。

qī diǎn èrshí (fēn)　　liù diǎn wǔshíjiǔ (fēn)
七 点 二十 （分）　　六 点 五十九 （分）

　　　　liǎng (ge) xiǎoshí sìshiwǔ fēn zhōng
時量：两 （个） 小时 四十五 分 钟

Wǒ zuòle yí ge xiǎoshí de zuòyè.
我 做了 一 个 小时 的 作业。

＊作业：宿題

2) 週

　　　xīngqīyī　　　　　　　　　　　　　　　　　　　　xīngqītiān xīngqīrì
曜日：星期一 星期二 星期三 星期四 星期五 星期六 星期天／星期日

　　　yì ([yí] ge) xīngqī　　liǎng (ge) xīngqī
週数：一 （个） 星期　　两 （个） 星期

3) 月日

　　　yīyuè sì hào　èryuè èr hào　shíyuè yī hào　shí'èryuè sānshiyī hào
日付：一月 四 号　二月 二 号　十月 一 号　十二月 三十一 号

Wǒ de shēngrì shì sìyuè èrshisān hào.
我 的 生日 是 四月 二十三 号。

　　　yí ge yuè　　liǎng ge yuè
月数：一 个 月　　两 个 月

　　　yì tiān　liǎng tiān　shí tiān
日数：一 天　两 天　十 天

❷ "是" の省略

以下の4つの判断文では"是"が省略できる。否定は"不是"。

		疑 問 文	肯 定 文	否 定 文
1	時間	Xiànzài jǐ diǎn? 现在 几 点？	Xiànzài yī diǎn èrshí. 现在 一 点 二十。	Xiànzài bú shì yī diǎn èrshí. 现在 不 是 一 点 二十。
2	曜日	Jīntiān xīngqī jǐ? 今天 星期 几？	Jīntiān xīngqī'èr. 今天 星期二。	Jīntiān bú shì xīngqī'èr. 今天 不 是 星期二。
3	月日	Jīntiān jǐ yuè jǐ hào? 今天 几 月 几 号？	Jīntiān liùyuè shí hào. 今天 六月 十 号。	Jīntiān bú shì liùyuè shí hào. 今天 不 是 六月 十 号。
4	年齢	Nǐ duō dà? 你 多 大？	Wǒ shíbā suì. 我 十八 岁。	Wǒ bú shì shíbā suì. 我 不 是 十八 岁。

❸ 連動文と兼語文

行為が起きた時間の順に並べる。

1) **連動文**……2つ以上の動詞の主語が同じ。

Tā zuò diànchē lái xuéxiào.　　　Tā qù yīyuàn kànbìng.
她 坐 电车 来 学校。　　　　　他 去 医院 看病。　　　　*看病：診察を受ける
主 動₁　　　動₂

2) **兼語文**……前の動詞の目的語が後の動詞の主語も兼ねる。

Lǎshī liú xuéshēng zuò zuòyè.　　Tā qǐng Shānkǒu chī fàn.
老师 留 学生 做 作业。　　　　他 请 山口 吃 饭。　　　　*留：残す，做：する
主 述 目/主 述 目
　　　　（兼語）

 次の文の誤りを直しなさい。

Wǒ zài Běijīng gōngzuò sānyuè.
1. 我 在 北京 工作 三月。　　　　　（わたしは北京で3か月間仕事をします）

Jīntiān bù xīngqīrì.
2. 今天 不 星期日。　　　　　　　　（今日は日曜日ではありません）

Jīntiān shì wǔyuè èrshijiǔ tiān.
3. 今天 是 五月 二十九 天。　　　　（今日は5月29日です）

Wǒ yī xīngqī xiūxi èr hào.
4. 我 一 星期 休息 二 号。　　　　　（わたしは週に2日間休みます）

Xiànzài shí'èr diǎn shí.
5. 现在 十二 点 十。　　　　　　　　（今は12時10分です）

Mǎlì mǎi shū qù shūdiàn.
6. 玛丽 买 书 去 书店。　　　　　　（マリーは書店に本を買いに行きます）

Gōngsī wǒ qù Shànghǎi pài.
7. 公司 我 去 上海 派。　　　　　　（会社の命で私は上海に行きます）　　*派：派遣する

比較文化クイズ 6

ことわざ・成語，算数の問題①

QⅠ. 次のことわざ・成語は日本語ではどんなことわざ・成語に相当するか，下のア～キから選びなさい。

1. 百折不挠。 Bǎi zhé bù náo.   ＊折：挫折する，挠：屈服する

2. 情人眼里出西施。 Qíngrén yǎnli chū Xīshī.
   ＊情人：恋人，西施：春秋時代，越王の勾践から呉王の夫差に献ぜられた美女

3. 留得青山在，不怕没柴烧。 Liúde qīngshān zài, bú pà méi chái shāo.
   ＊留得：残す，没柴烧：たき木がない

4. 养虎为患。 Yǎng hǔ wéi huàn.

5. 好人不长寿。 Hǎorén bù chángshòu.

6. 卖油娘子水梳头。 Mài yóu niángzǐ shuǐ shūtóu.   ＊娘子：妻，梳头：くしけずる

7. 对牛弹琴。 Duì niú tán qín.   ＊弹琴：琴を弾く

8. 青梅竹马。 Qīngméi zhúmǎ.

ア．馬の耳に念仏　　イ．恋は盲目　　ウ．飼い犬に手をかまれる
エ．七転び八起き　　オ．命あってのものだね　　カ．憎まれっ子，世にはばかる
キ．紺屋（こうや）の白袴（しろばかま）　　ク．幼なじみ

QⅡ. 次の算数の問題を解きなさい。

某一年中有53个星期二，并且当年的元旦不是星期二，那么下一年的最后一天是星期＿＿。
Mǒu yì nián zhōng yǒu wǔshisān ge xīngqī'èr, bìngqiě dàngnián de Yuándàn bú shì xīngqī'èr, nàme xià yì nián de zuìhòu yì tiān shì xīngqī ＿.

（北京市華羅庚学校第10回幼苗杯コンテスト模試より）

＊并且：また，那么：それでは，下一年：翌年

第 7 課 慣れましたか

周　文华： Nǐ xíguàn Běijīng de shēnghuó le ma?
　　　　　你 习惯 北京 的 生活 了 吗?

田中　纯： Xíguàn le. Shēnghuó hěn fāngbiàn, wùjià yě bǐ Rìběn piányi.
　　　　　习惯 了。生活 很 方便，物价 也 比 日本 便宜。

周　文华： Lái Běijīng yǐhòu, nǐ qùguo Chángchéng ma?
　　　　　来 北京 以后，你 去过 长城 吗?

田中　纯： Qùguo yí cì.
　　　　　去过 一 次。

周　文华： Nǐ zhīdao Liúlichǎng ma? Róngbǎozhāi jiù zài nàr.
　　　　　你 知道 琉璃厂 吗? 荣宝斋 就 在 那儿。

田中　纯： Zhīdao, dàn méi qùguo. Lí zhèr yuǎn bu yuǎn?
　　　　　知道，但 没 去过。离 这儿 远 不 远?

周　文华： Bù yuǎn, zǒuzhe qù dàgài yào èrshí fēn zhōng.
　　　　　不 远，走着 去 大概 要 二十 分 钟。

新しい語句

[习惯] xíguàn 動 慣れる
[生活] shēnghuó 名 暮らし
[方便] fāngbiàn 形 便利だ
[物价] wùjià 名 物価
[比] bǐ 前 …より
[便宜] piányi 形 安い
[以后] yǐhòu 名 …してのち
[过] guo 助 …したことがある(経験)
[长城] Chángchéng 名 万里の長城
[次] cì 量 回(動作の回数を数える)
[琉璃厂] Liúlichǎng 名
　リュウリチャン
　瑠璃廠(有名な書画・骨董品街)
[荣宝斋] Róngbǎozhāi 名
　エイホウサイ
　栄宝斎(有名な書画・印鑑専門店)
[就] jiù 副 まさに(肯定を強調する)
[但] dàn 接 しかし
[离] lí 前 …から
[走] zǒu 動 歩く
[着] zhe 助 …している(持続)
[大概] dàgài 副 だいたい

[要] yào 動 かかる．必要とする

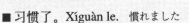

とっさのひとこと

- 习惯了。 Xíguàn le.　慣れました
- 很方便。 Hěn fāngbiàn.　とても便利です
- 去过一次。 Qùguo yí cì.
　1度行ったことがあります
- 离这儿远不远? Lí zhèr yuǎn bu yuǎn?
　ここから遠いですか

文法のポイント 7

❶ 主述述語文

述語の中に主述フレーズ（主語＋述語）のある文。「AはBが…だ」。

Tā tóufa hěn cháng.
她 头发 很 长。 　＊头发：髪の毛

Zhège bān xuésheng hěn duō.
这个 班 学生 很 多。 　＊班：クラス

❷ 前置詞 "离"

時間的・空間的な２点間の隔たりを表す。「…から」。

Xīnnián lí Shèngdànjié hěn jìn.
新年 离 圣诞节 很 近。 　＊圣诞节：クリスマス

Wǒ jiā lí chēzhàn bú tài yuǎn.
我 家 离 车站 不 太 远。 　＊车站：駅，不太：あまり…ない

❸ 比較

1） A "比" B＋比較の結果（＋数量補語）（AはBより［…だけ］…だ）

Gēge bǐ dìdi gāo sān gōngfēn.
哥哥 比 弟弟 高 三 公分。 　＊公分：センチメートル

（比較文には，"很 hěn / 特别 tèbié / 非常 fēicháng" などの程度を表す副詞を用いることはできない）

否定は "没有" と "不比" の２通り。

2） A "没有" B＋形容詞 （AはBほど…でない）

Jīntiān méiyǒu zuótiān rè.
今天 没有 昨天 热。

3） A "不比" B＋形容詞 （AはBより…ではない）

Jīntiān bù bǐ zuótiān rè.
今天 不 比 昨天 热。（今日は昨日と同じくらいの可能性もある）

❹ 動態助詞 "着" と "过"

1）"着" は動詞の直後に置かれ，動作の進行と状態の持続を表す。「…している」。

副詞 "正／在／正在" あるいは語気助詞 "呢" を伴うこともある。

Tā zhèngzài kànzhe diànshì ne.
他 正在 看着 电视 呢。

Tā tǎngzhe kàn shū.
他 躺着 看 书。　　　　　　　　　　　　　　　＊躺：横になる

否定は，"没" を動詞の前に置き，ふつう "着" は取る。

Tā méi zài kàn xiǎoshuō.
他 没 在 看 小说。

2）"过" は動詞の直後に置かれ，過去の経験を表す。「…したことがある」。

Wǒ chīguo Zhōngguócài.
我 吃过 中国菜。

否定は，"没" を動詞の前に置く。

Wǒ méi chīguo Rìběncài.
我 没 吃过 日本菜。

1. 次の前置詞の中から適当な語を選んで，空欄に入れなさい。

〔从 cóng　离 lí　到 dào　给 gěi　在 zài〕

Wǒmen　　Běijīng chūfā.
1）我们 ____ 北京 出发。

Xuéxiào　　chēzhàn hěn yuǎn.
2）学校 ____ 车站 很 远。

Wǒ　　péngyou fā yīmèir.
3）我 ____ 朋友 发 伊妹儿。　　　　　　　　　　＊伊妹儿：Eメール

2. 次の語を並べ替えなさい。

bàba māma dà bǐ liǎng suì
1）爸爸 妈妈 大 比 两 岁　　　　（父は母より2歳年上です）

Shāntián wǔfàn zhe ne chī zhèng
2）山田 午饭 着 呢 吃 正　　　　（山田君は昼ごはんを食べているところです）

yóujú yuǎn yínháng lí bú tài
3）邮局 远 银行 离 不 太　　　　（銀行は郵便局からあまり遠くありません）

比較文化クイズ 7

漢詩に親しもう

Q. a～dにはどんな漢字が入るか，ピンインから推測してみよう。

Ⅰ．"杜甫" Dù Fǔ の "绝句" Juéjù（絶句）

Jiāng bì niǎo yú bái,
江 碧 a 逾 白，

shān qīng huā yù rán.
b 青 c 欲 然。

Jīn chūn kàn yòu guò,
今 d 看 又 过，

hé rì shì guī nián.
何 日 是 归 年。

江 碧にして a 逾 白く，
b 青くして c 然えんと欲す。
今 d みすみす又過ぐ，
何れの日かこれ帰年ならん。

長江は深緑に澄み，その上を飛ぶ a はいよいよ白い。
b は青く茂り，そこに咲く c は燃えるように赤い。
今年の d も見る間に過ぎていく。いつになったら故郷に帰れるのだろう。

Ⅱ．"李白" Lǐ Bái の "早发白帝城" Zǎo fā Báidìchéng（つとに白帝城を発す）

Zhāo cí Bái dì cǎi yún jiān,
朝 辞 白 帝 彩 云 间，

qiān lǐ Jiāng líng yí rì huán.
a 里 江 陵 b 日 还。

Liǎng àn yuán shēng tí bú zhù,
c 岸 猿 声 啼 不 住，

qīng zhōu yǐ guò wàn chóng shān.
轻 舟 已 过 d 重 山。

朝に辞す白帝彩雲の間，
a 里の江陵 b 日にして還る。
c 岸の猿声啼いてやまざるに，
軽舟すでに過ぐ d 重の山。

朝焼けに映える白帝城を発った。
a 里離れた江陵（今の湖北省中部，荊州市）まで b 日で帰る。
c 岸の猿の声はまだ耳に届いているのに，
小船の船足速く，すでに d 重の山を通り過ぎた。

第 8 課　おなかがすいちゃった

Tiánzhōng Chún： Wǒ xiǎng qù Wángfǔjǐng dàjiē kànkan.
田中　純：我 想 去 王府井 大街 看看。

Zhōu Wénhuá： Nǐ yào mǎi shénme dōngxi?
周　文華：你 要 买 什么 东西？

　　　　　　Wǒ xiǎng mǎi yìdiǎnr zhōngyào hé gōngyìpǐn.
田中　純：我 想 买 一点儿 中药 和 工艺品。

　　　　　　Zhèxiē zài nàr dōu néng mǎidào.
周　文華：这些 在 那儿 都 能 买到。

　　　　　　Wǒ qī diǎn jiù chī zǎofàn le. Yǒudiǎnr è le.
田中　純：我 七 点 就 吃 早饭 了。有点儿 饿 了。

　　　　　　Zhōngwǔ chī Běijīng kǎoyā ba, wǒ qǐngkè.
周　文華：中午 吃 北京 烤鸭 吧，我 请客。

　　　　　　Nà duō bù hǎoyìsi ya. Zánmen píngtān ba.
田中　純：那 多 不 好意思 呀。咱们 平摊 吧。

　　　　　　Bié kèqi, nǐ shì kèren ma.
周　文華：别 客气，你 是 客人 嘛。

新しい語句

[王府井大街] Wángfǔjǐng dàjiē 图
　王府井大通り（北京一の繁華街）
[要] yào 助動 …したい
[东西] dōngxi 图 もの
[一点儿] yìdiǎnr 組 少し
[中药] zhōngyào 图 漢方薬
[工艺品] gōngyìpǐn 图 工芸品
[啊] à 感 ああ．うん
[能] néng 助動 …できる
[买到] mǎidào 組 手に入れる
[就] jiù 副 とっくに
[早饭] zǎofàn 图 朝食
[中午] zhōngwǔ 图 昼
[北京烤鸭] Běijīng kǎoyā 組 北京ダック
[请客] qǐngkè 動 おごる
[那] nà 接 それでは
[多] duō 副 なんと．どんなに

[呀] ya 助 感嘆の語気を表す
[平摊] píngtān 動 割り勘にする
[客人] kèren 图 客
[嘛] ma 助 当然だという語気を表す

とっさのひとこと

■去看看。Qù kànkan. ちょっと見にいく
■有点儿饿了。Yǒudiǎnr è le.
　少しおなかがすいちゃった
■我请客。Wǒ qǐngkè. 私がおごります
■不好意思。Bù hǎoyìsi. 申し訳ありません

文法のポイント8

❶ 助動詞

連用修飾語として動詞の前に置く。否定詞は助動詞の前に置く。
（動態助詞 "了" "着" "过" と同時に用いたり，重ねて用いたりすることはできない）

1）"想" と "要"

"想" と "要" は共に「…したい」の意だが，"要"のほうが意志が強い。否定はどちらも "不想"。
（"不要" は「…してはいけない」という禁止の意）

  Wǒ xiǎng xuéxí Hànyǔ.
  我 想 学习 汉语。

  Dìdi yào chī píngguǒ.
  弟弟 要 吃 苹果。 ＊苹果：りんご

2）"会" と "能"

"会" と "能" は共に「…することができる」の意。

a）"会"……学習・練習の成果によって「…できる」。

  Tiánzhōng huì kāichē.
  田中 会 开车。 ＊开车：車を運転する

  Tā bú huì tán gāngqín.
  她 不 会 弹 钢琴。 ＊钢琴：ピアノ

b）"能"……次の2通りの「…できる」がある。

①客観的条件を満たして「…できる」。

  Wǒ hē jiǔ le, bù néng kāichē.
  我 喝 酒 了，不 能 开车。

  Nǐ míngtiān néng bu néng lái?
  你 明天 能 不 能 来？

②具体的にあるレベルに達していることを表す。

  Wǒ néng yóu sānqiān mǐ.
  我 能 游 三千 米。 ＊游：泳ぐ

3）"可以"

許可の意を表す。「…してもよい」「…してもかまわない」。

  Zhèr kěyǐ chōuyān ma?
  这儿 可以 抽烟 吗？ ＊抽烟：たばこを吸う

❷ 副詞 "就" と "才"

1）**"就"**……動作を行うのが時間的に早いことを表す。「もう」「すぐ」。

　　Wǒ　wǔ diǎn　jiù　qǐchuáng　le.
　　我　五 点　就　起床　了。

2）**"才"**……動作を行うのが時間的に遅いことを表す。「やっと」「ようやく」。

　　Jiǔ diǎn shàngkè, tā jiǔ diǎn bàn cái lái.
　　九 点 上课，他 九 点 半 才 来。　　＊上课：授業が始まる

❸ "有点儿" と "一点儿"

共に「少し」の意だが，次のような違いがある。

1）**"有点儿"** 副……動詞や形容詞の前に置き，多くは好ましくない状況に用いる。

　　Wǒ　yǒudiǎnr　ěxin.
　　我　有点儿　恶心。　　＊恶心：吐き気がする

2）**"一点儿"** 組……動詞や形容詞の後に置く。

　　Zhè běn　cídiǎn　(bǐ　qítā　de　cídiǎn)　hǎoyòng　yìdiǎnr.
　　这 本　词典　(比　其他　的　词典)　好用　一点儿。　　＊好用：使いやすい

練習 8

1. 次の文の空欄に入る適当な語を〔　〕の中から選びなさい。

　　　Tiānqì rè le,　　　yóuyǒng le.
1）天气 热 了，＿＿ 游泳 了。〔能　会　要〕

　　　Zhōngguó bǐ Měiguó dà　　　　．
2）中国 比 美国 大 ＿＿＿＿．〔有点儿　一点儿〕　　＊美国：アメリカ

　　　Wǒ bù　　　qù Zhōngguó liúxué.
3）我 不 ＿＿ 去 中国 留学。〔想　要〕

2. 次の文を中国語に訳しなさい。

1）山田さんは中国語で手紙を書けます。　　　（…で手紙を書く：用…写信 yòng … xiě xìn）

2）僕は漢方薬を少し飲みました。

3）彼は10年前にはもう日本に来ていました。

比較文化クイズ 8

運転免許試験

Q. 次の運転免許試験の問題に答えてみよう。

〈出所〉陳恵成主編『汽車摩托車駕駛員考試指南』
江蘇科学技術出版社，1997年，9～10頁

Rú tú suǒshì de jiāotōng jǐngchá zhǐhuī shǒushì shì shìyì chēliàng:
如 图 所 示 的 交 通 警 察 指 挥 手 势 是 示 意 车 辆：

1.
   A. Xiàng yòu zhuǎnwān.
      向 右 转 弯。
   B. Zhíxíng.
      直行。
   C. Xiàng zuǒ zhuǎnwān.
      向 左 转 弯。

2.
   A. Zuǒ xiǎo zhuǎnwān xíngshǐ.
      左 小 转 弯 行驶。
   B. Yòu xiǎo zhuǎnwān xíngshǐ.
      右 小 转 弯 行驶。
   C. Zhíxíng.
      直行。

3.
   A. Zhíxíng.
      直行。
   B. Tíngzhǐ.
      停止。
   C. Hòutuì.
      后退。

4.
   A. Kàobiān tíng chē.
      靠边 停 车。
   B. Yòu zhuǎnwān.
      右 转弯。
   C. Zuǒ zhuǎnwān.
      左 转弯。

＊如图所示：図が示すような，指挥手势：手信号，示意：合図する，转弯：曲がる，直行：直進する，行驶：走行する
　靠边：端に寄る

第 9 課 勘弁してよ

Tiánzhōng Chún： Wǒmen zhōngyú láidào Hǎinándǎo le.
田中　純：我们　终于　来到　海南岛　了。

Zhōu Wénhuá： Zhèr lí Běijīng dàyuē yǒu sānqiān gōnglǐ.
周　文华：这儿　离　北京　大约　有　三千　公里。

　　　　　Tīngshuō Hǎinándǎo de liúlián hěn piányi.
田中　純：听说　海南岛　的　榴莲　很　便宜。

　　　　　Wǒ méi chīguo, hǎoxiàng tèbié chòu.
周　文华：我　没　吃过，好像　特别　臭。

　　　　　Yíhuìr mǎi yí ge chángchang ba.
田中　純：一会儿　买　一　个　尝尝　吧。

　　　　　Nǐ ráole wǒ ba.
周　文华：你　饶了　我　吧。

　　　　　Wǒ xiǎng dài yí ge huí Běijīng qu.
田中　純：我　想　带　一　个　回　北京　去。

　　　　　Dǎoyóu gàosu wǒ zuò fēijī jìnzhǐ dài liúlián.
周　文华：导游　告诉　我　坐　飞机　禁止　带　榴莲。

新しい語句

[终于] zhōngyú 副ついに．とうとう
[来到] láidào 動到着する
[海南岛] Hǎinándǎo 名
　　海南島（中国南方に位置する亜熱帯の島）
[大约] dàyuē 副およそ
[公里] gōnglǐ 量キロメートル
[听说] tīngshuō 動…だそうだ
[榴莲] liúlián 名ドリアン
[臭] chòu 形くさい
[一会儿] yíhuìr 副まもなく．しばらくして
[尝] cháng 動味わう
[饶] ráo 動見逃す．許す
[带] dài 動携帯する
[回去] huíqu 動帰っていく
[导游] dǎoyóu 名ガイド
[告诉] gàosu 動告げる．知らせる
[飞机] fēijī 名飛行機
[禁止] jìnzhǐ 動禁止する

とっさのひとこと

■终于到了。Zhōngyú dào le. ついに着いた
■一会儿尝尝吧。Yíhuìr chángchang ba.
　　　後で食べてみようよ
■饶了我吧。Ráole wǒ ba. 勘弁してよ

文法のポイント 9

❶ 単純方向補語

動詞の後につけて，動作の方向を表す。話し手が動作の終点にいれば"来"，起点にいれば"去"を用いる。

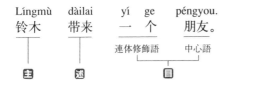

*帯：連れる

目的語が場所であれば，動詞と単純方向補語の間に置く。

Lǎoshī jìn jiàoshì lai le.
老师 进 教室 来 了。

❷ 複合方向補語

"来／去"は"上／下／进／出／回／过／起"と結びついて複合方向補語になる。

	上	下	进	出	回	过	起
来（くる）	shànglai 上来（下から上へくる）	xiàlai 下来（上から下へくる）	jìnlai 进来（外から中へ入ってくる）	chūlai 出来（中から外へ出てくる）	huílai 回来（帰ってくる）	guòlai 过来（近づいてくる）	qǐlai 起来（上へ向かってくる）
去（いく）	shàngqu 上去（下から上へいく）	xiàqu 下去（上から下へいく）	jìnqu 进去（外から中へ入っていく）	chūqu 出去（中から外へ出ていく）	huíqu 回去（帰っていく）	guòqu 过去（遠ざかっていく）	

Tā cóng shūbāo li náchūlai yì běn shū.
他 从 书包 里 拿出来 一 本 书。

*拿：持つ．取る

目的語が場所であれば，複合方向補語の間に置く。

Lǎoshī zǒujìn jiàoshì lai le.
老师 走进 教室 来 了。

❸ 現象文

自然現象や事件の発生について述べる。主語はなく，目的語の位置に意味上の主語が来る。ただし自然現象が停止するときは普通の語順になる。
複合方向補語"起来"を伴うとき，目的語は"起"と"来"の間に置く。

Xià yǔ le.　Xiàqǐ yǔ lai le.　　　　Yǔ tíng le.
下 雨 了。／下起 雨 来 了。 ⇔ 雨 停 了。

❹ 二重目的語の文

動詞の後に「間接目的語」（…に）と「直接目的語」（…を）がある文。

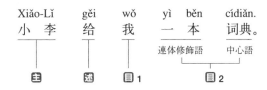

Shāntián jiāo wǒ Rìyǔ.
山田　教　我　日语。

❺ 百以上の数字の読み方

1）"百／千"の前にも必ず"一"を付ける。

例：100 一百（yìbǎi）　　1000 一千（yìqiān）　　10000 一万（yíwàn）

2）数字の間の"0"は"零"língと読む（"0"が複数連続する場合も"零"と1回だけ読む）。

例：101 一百 零 一（yìbǎi líng yī）　1001 一千 零 一（yìqiān língyī）　10101 一万 零 一百 零 一（yíwàn líng yìbǎi líng yī）

3）数字の間の"0"がなければ，末尾の"0"は省略できる。

例：110 一百 一(十)（yìbǎi yī(shí)）　1100 一千 一(百)（yìqiān yī(bǎi)）

4）"千／万"の前の"2"は"两"liǎngと読む。

例：2000 两千（liǎngqiān）　20000 两万（liǎngwàn）

 練習 9

1. 次の文を複合方向補語を使って，中国語に訳しなさい。

1) 鈴木さんは北京からたくさんの雑誌を買って帰ってきました。

2) パンダが立ち上がりました。　　　　　　　　　　　　　　　　　　（立つ：站 zhàn）

3) 鳥が部屋の中に飛び込んできました。　　　　　（部屋：房间 fángjiān，鳥：小鸟 xiǎo niǎo）

2. 次のa〜cの中から正しい表現を選びなさい。

1) 家へ帰る

　　a. 回去 家（huíqu jiā）　b. 回 家 去（huí jiā qu）　c. 去 回 家（qù huí jiā）

2) 映画館に入っていった

　　a. 进去 电影院 了（jìnqu diànyǐngyuàn le）　b. 电影院 进去 了（diànyǐngyuàn jìnqu le）　c. 进 电影院 去 了（jìn diànyǐngyuàn qu le）

3) 手に持って教室を出てきた

　　a. 拿出 教室 来 了（náchū jiàoshì lai le）　b. 拿 教室 出来 了（ná jiàoshì chūlai le）　c. 拿出来 教室 了（náchūlai jiàoshì le）

ことわざ・成語，算数の問題②

QⅠ．次のことわざ・成語は日本語ではどんなことわざ・成語に相当するか，下のア～キから選びなさい。

  Xuě shàng jiā shuāng.
1．雪　上　加　霜。　　　　　　　　＊加：加える

  Xuě zhōng sòng tàn.
2．雪　中　送　炭。

  Jīwō li fēibuchū jīnfènghuáng.
3．鸡窝　里　飞不出　金凤凰。　　　＊鸡窝：鶏小屋，飞不出：出てこない

  Bānqǐ shítou zá zìjǐ de jiǎo.
4．搬起　石头　砸　自己　的　脚。　＊搬起：持ち上げる，石头：石，砸：ぶつける

  Wèi yǔ chóumóu.
5．未　雨　绸缪。　　　　　　　　　＊绸缪：修繕する

  Píngshí bù shāoxiāng, línshí bào fójiǎo.
6．平时　不　烧香，临时　抱　佛脚。　＊临时：その時になって

  Sān tiān dǎ yú, liǎng tiān shài wǎng.
7．三　天　打　鱼，两　天　晒　网。　＊打鱼：漁をする，晒网：網を干す

  Cùn cǎo chūn huī.
8．寸　草　春　晖。　　　　　　　　　＊春晖：春の日ざし

  ア．三日坊主　　イ．かえるの子はかえる　　ウ．弱り目にたたり目
  エ．自業自得，身から出たさび　　オ．ころばぬ先のつえ
  カ．助け船を出す　　キ．苦しい時の神頼み
  ク．子供は父母の恩に報いがたい

QⅡ．次の算数の問題を解きなさい。

  Jīnnián mǔqin yǔ érzi de niánlíng hé wéi sìshíbā suì, ér liù nián
  今年　母亲　与　儿子　的　年龄　和　为　48　岁，而　6　年
  qián mǔqin de niánlíng qiàhǎo shì érzi niánlíng de wǔ bèi, nàme mǔqin
  前　母亲　的　年龄　恰好　是　儿子　年龄　的　5　倍，那么　母亲
  jīnnián　　suì.
  今年　___　岁。

（北京市華羅庚学校第10回幼苗杯コンテスト模試より）

＊与：…と，儿子：息子，为：…になる，岁：歳，恰好：ちょうど

第10課 いったいどうしたの

Tiánzhōng Chún： Duìbuqǐ, wǒ láide tài wǎn le.
田中　純：对不起，我来得太晚了。

Zhōu Wénhuá： Shuōhǎole liǎng diǎn jiànmiàn, nǐ zěnme cái lái a?
周　文华：说好了两点见面，你怎么才来啊？

Wǒ zuòcuò chē le.
田中　純：我坐错车了。

Zěnme huí shìr?
周　文华：怎么回事儿？

Wǒ méi tīngqīngchu shòupiàoyuán de huà.
田中　純：我没听清楚售票员的话。

Kǒngpà mǎibudào diànyǐngpiào le.
周　文华：恐怕买不到电影票了。

Shìshi ba, yěxǔ hái yǒu piào.
田中　純：试试吧，也许还有票。

Mǎibudào jiù qù guàng shāngdiàn ba.
周　文华：买不到就去逛商店吧。

新しい語句

[得] de 助 様態補語を導く
[太] tài 副 あまりにも…すぎる
[晚] wǎn 形 遅い
[说好] shuōhǎo 組 約束する
[见面] jiànmiàn 動 会う
[啊] a 助 疑問の語気を表す
[错] cuò 形 間違っている
[回] huí 量 事柄の回数を数える
[清楚] qīngchu 形 はっきりしている
[售票员] shòupiàoyuán 名
　　バスの車掌．切符売り
[恐怕] kǒngpà 副 おそらく
[电影票] diànyǐngpiào 名 映画のチケット
[试] shì 動 試す
[也许] yěxǔ 副 もしかしたら…かもしれない
[还] hái 副 まだ
[就] jiù 副 …ならば…

[逛] guàng 動 ぶらつく

とっさのひとこと

■ 说好了。Shuōhǎo le. ちゃんと約束したよ
■ 你怎么才来啊？ Nǐ zěnme cái lái a?
　　どうしてこんなに遅くなったの
■ 怎么回事儿？ Zěnme huí shìr?
　　いったいどうしたの
■ 试试吧。Shìshi ba. やってみようよ

文法のポイント 10

❶ 結果補語

一部の動詞と形容詞が動詞の後に置かれて，動作の結果を表す。否定は"没"を用いる。

Língmù tīngdǒng lǎoshī de huà le.
铃木　听懂　老师 的　话　了。

Wǒ méi kànwán nà běn xiǎoshuō.
我 没 看完 那 本 小说。

❷ 可能補語

動詞と結果補語／方向補語との間に構造助詞"得"を入れる（可能）。否定は"得"の代わりに"不"を入れる（不可能）。

❸ 様態補語

動詞と形容詞との間に構造助詞"得"を入れる。動作の様子や状態を表す。形容詞の前に"非常／特別／很／太"などの副詞を加えることができる。

（様態補語は完了したこと，または恒常的に行われることに用いられる）

Tā shuìde tèbié wǎn.
她 睡得 特别 晚。

否定は，形容詞の前に"不"を用いる。

Xiǎo-Lǐ pǎode bú kuài.
小 李 跑得 不 快。

＊跑：走る

肯定・否定型の疑問文は次のようになる。

　　　Nǐ　qǐde　zǎo　bu　zǎo?
　　　你　起得　早　不　早？

目的語を伴う場合，同じ動詞を繰り返して用いる（前にある動詞は省略可）。

　　　Tā　(shuō)　Hànyǔ　shuōde　bú　tài　liúlì.
　　　他　（说）　汉语　说得　不　太　流利。　　　　　　　　　　　　　*流利：流暢だ

1．次の文を指示された形に書き換えなさい。

　　　　Wǒ chīwán wǔfàn le.
　1）我 吃完 午饭 了。
　　　　→ ① 結果補語の否定　② 肯定・否定型疑問

　　　　Yīfu xǐde hěn gānjìng.
　2）衣服 洗得 很 干净。　　　　　　　　　　　　　　　　　　　　　*干净：清潔だ
　　　　→ ① 様態補語の否定　② 肯定・否定型疑問

　　　　Wǒ mǎidedào cídiǎn.
　3）我 买得到 词典。
　　　　→ ① 可能補語の否定　② 肯定・否定型疑問

2．補語を使って次の文を完成させなさい。

　　　　Jīntiān de zuòyè tài duō le, yí ge xiǎoshí　　　　　．
　1）今天 的 作业 太 多 了，一 个 小时 ＿＿＿＿＿＿。　（可能）

　　　　Zuótiān de zuòyè hěn jiǎndān, wǒ bàn ge xiǎoshí jiù　　　　．
　2）昨天 的 作业 很 简单，我 半 个 小时 就 ＿＿＿＿＿＿。　（結果）

　　　　Tā xiě zì xiěde hěn　　　　．
　3）她 写 字 写得 很 ＿＿＿＿＿＿。　　　　　　　　　　　　　　　（様態）

3．次の文の誤りを直しなさい。

　　　　Wǒ jì shíjiān cuò le.
　1）我 记 时间 错 了。　　　　　　　　　　　　　　　　　　　　　*记：覚える

　　　　Wǒ bù zhǎodào gōngzuò.
　2）我 不 找到 工作。　　　　　　　　　　　　　　　　　　　　　*找到：見つかる

　　　　Wǒ shuō Hànyǔ de bú tài hǎo.
　3）我 说 汉语 得 不 太 好。

『三国志』にみる中国の外交術

Q. 次の1〜6の説明に相当する語句を，下のア〜カから選びなさい。

〈出所〉郭済興・李世俊『三国志演義与経営謀略』
浦東電子出版社, 2002年, 197〜224頁

1. 呉王の孫権（そんけん）は蜀の使者を迎えるに当たり，釜に油を煮えたぎらせ，完全武装した屈強の兵士千人を門前から殿上まで並べて威嚇した。（　）

2. 蜀の丞相，諸葛孔明（しょかつこうめい）は呉が魏と戦うように仕向けるため，呉の投降派官僚に対しては彼らの無策をなじり，将軍の周瑜（しゅうゆ）にはその激情に訴え，王の孫権には実利を説いた。（　）

3. 魏の曹操（そうそう）は大軍を率いて呉に攻め寄せたが，連日の雨で長江の水かさ高く，攻めあぐねていた。そんな折，呉の孫権は曹操に手紙を送り，「赤壁の戦いの二の舞になるぞ」と書き，その裏に「貴公が生きている限り，安心できぬ」と書き添えた。それを読んだ曹操は呵呵（かか）大笑して，退却していった。（　）

4. 荊州（けいしゅう）の領有をめぐって呉と戦になるのを避けるために，蜀の諸葛孔明は呉の魯粛（ろしゅく）に「西川（せいせん）が手に入ったら，荊州を呉に返す」という文書を与えた。しかし期限を明記しなかった。（　）

5. 蜀が西川を得たので，呉の使者として諸葛瑾（しょかつきん，孔明の兄）は蜀を訪れ，荊州返還の約束を果たすよう迫った。孔明は蜀王，劉備（りゅうび）のところへ諸葛瑾を連れていった。劉備は前線の関羽（かんう）に返還を命じる文書を書いてくれた。しかし関羽を訪ねると，関羽は前線の責任は自分にある，と荊州の返還を拒否した。諸葛瑾は孔明に再び会おうとしたが果たせず，手ぶらで帰るしかなかった。（　）

6. 呉の孫権は，妹を嫁にやると言って蜀の劉備をだまし討つ謀りごとをした。ところが，孔明の意を受けた趙雲（ちょううん，蜀の将軍）が孫権の外曾祖父や母親を訪ね，贈り物をして味方につけたため，孫権はこの婚姻を認めざるを得なくなった。（　）

ア. 場外　谈判 chǎngwài tánpàn（舞台裏で交渉する）

イ. 见人说人话, 见鬼说鬼话 jiàn rén shuō rénhuà, jiàn guǐ shuō guǐhuà（人を見て話をせよ）

ウ. 含糊其辞 hánhu qí cí（ことばをにごす）　　エ. 亮底如亮心 liàngdǐ rú liàngxīn（本心をさらけ出す）

オ. 踢皮球 tī píqiú（たらい回しにする）　　カ. 先声夺人 xiān shēng duó rén（機先を制す）

第11課 いくらもしません

Zhōu Wénhuá: Qǐng bǎ zhè zhāng CD jiāogěi Shāntián, hǎo ma?
周 文华：请 把 这 张 CD 交给 山田，好 吗？

Tiánzhōng Chún: Zhè shì zài nǎr mǎi de? Wǒ yě xiǎng mǎi yì zhāng.
田中 纯：这 是 在 哪儿 买 的？我 也 想 买 一 张。

周 文华：Zài Xīdān túshū dàshà mǎi de. Nǐ bú shì yǒu ma?
在 西单 图书 大厦 买 的。你 不 是 有 吗？

田中 纯：Wǒ de nà zhāng bèi Xiǎo-Wáng nòngdiū le.
我 的 那 张 被 小王 弄丢 了。

周 文华：Nà nǐ ràng tā péi yì zhāng ma.
那 你 让 他 赔 一 张 嘛。

田中 纯：Suàn le, bù zhí duōshao qián.
算 了，不 值 多少 钱。

周 文华：Zuìhǎo zǎo diǎnr qù, zhè zhāng CD màide tèbié hǎo.
最好 早 点儿 去，这 张 CD 卖得 特别 好。

田中 纯：Xièxie, wǒ zhè jiù qù.
谢谢，我 这 就 去。

新しい語句

- [把] bǎ 前 …を
- [交给] jiāogěi 組 …に渡す
- [是…的] shì…de 呼 …したのだ（強調）
- [西单图书大厦] Xīdān túshū dàshà 名
  西单の図書大厦（北京最大の書店ビル）
- [不是…吗] bú shì…ma 呼
  …ではないか（反語）
- [被] bèi 前 …される
- [弄] nòng 動 する．やる
- [丢] diū 動 なくす
- [赔] péi 動 弁償する
- [值钱] zhíqián 形 値打ちがある
- [最好] zuìhǎo 副
  …するに越したことはない
- [卖] mài 動 売る
- [这] zhè 代 今（話している時点）

とっさのひとこと

- 不是有吗？ Bú shì yǒu ma?
  持ってるんじゃない？
- 算了。Suàn le. よしておく．やめにする
- 不值多少钱。Bù zhí duōshao qián.
  いくらもしません
- 最好早点儿去。Zuìhǎo zǎodiǎnr qù.
  早めに行ったほうがいい
- 这就去。Zhè jiù qù. 今すぐ行きます

文法のポイント11

❶ "是…的" 構文（…したのだ）

すでに起こった事柄について，「時・場所・手段・目的・主体」などを強調する。"是" は省略されることもある。"的" は目的語の前に置いてもよい。

a) Wǒ (shì) cóng Běijīng zuò fēijī lái Xiānggǎng de.
    我 （是） 从 北京 坐 飞机 来 香港 的。

b) 我 （是） 从 北京 坐 飞机 来 的 香港。

否定は "不是…的" となる。

Zhège cài bú shì wǒ zuò de.
这个 菜 不 是 我 做 的。

❷ "把" 構文（…を）

前置詞 "把" を用いて目的語を動詞の前に置き，処置を強調する。動詞の後に補語（可能補語を除く）などの成分が必要。"是" または "有／在／来／喜欢" などの動詞は用いることができない。

Wǒ bǎ zhè běn xiǎoshuō kànwán le.
我 把 这 本 小说 看完 了。

否定詞は "把" の前に置く。

Jīntiān bù bǎ xìn jìchūqu jiù láibují le.
今天 不 把 信 寄出去 就 来不及 了。　　＊寄：郵送する，来不及：間に合わない

❸ 受け身（…される）

前置詞 "被" を用いて受身を表す。連用修飾語か補語，または語気助詞 "了" などを伴う（特に肯定文）。

Nàge háizi jīngcháng bèi lǎoshī pīpíng.
那个 孩子 经常 被 老师 批评。　　＊经常：いつも，批评：叱る

否定文では否定詞は "被" の前に置く。

Tā zài gōngsī li bú bèi shàngsi zhòngshì.
他 在 公司 里 不 被 上司 重视。

❹ 使役（…させる）

動詞"让／叫"を用いて使役を表す。

　　　Lǎoshī　jiào　xuésheng　dú　kèwén.
　　　老师　　叫　　学生　　　读　课文。　　　　　　　　　　＊课文：教科書の本文
　　　 主　　 述　　 目/主　　 述　 目

否定文では否定詞は使役動詞の前に置く。

　　　Yīshēng bú ràng bàba hē jiǔ.
　　　医生　　不　让　爸爸　喝　酒。　　　　　　　　　　　　＊医生：医者

肯定・否定型の疑問文は次のようになる。

　　　Māma ràng bu ràng nǐ kàn diànshì?
　　　妈妈　让　不　让　你　看　电视?

練習 11

1. 次の語を並べ替えて，日本語に訳しなさい。

　　　Tā ná dōngxi shūbāo li chūlai bǎ méi de
　1）他　拿　东西　　书包　　里　出来　　把　没　的

　　　Lǎoshī xiàwǔ tā de qù ràng yánjiūshì nǐ
　2）老师　下午　他　的　去　让　　研究室　　你

　　　Yàoshi fángjiān li wàngzài wǒ bèi le
　3）钥匙　房间　　里　忘在　　我　被　了　　　　　　　　　　＊钥匙：鍵

2. 次の文の誤りを直しなさい。

　　　Tā de qiánbāo bèi xiǎotōur tōu.
　1）他　的　钱包　被　小偷儿　偷。　　　　　　　　　　　　＊钱包：財布，小偷儿：泥棒，偷：盗む

　　　Qīzi ràng wǒ bù chōuyān.
　2）妻子　让　　我　不　抽烟。

　　　Wǒ shì shàng ge xīngqī lái Rìběn le.
　3）我　是　上　个　星期　来　日本　了。

3. 次の文を受身に書き換えなさい。

　　　Wǒ bǎ yīfu xǐgānjìng le.
　1）我　把　衣服　洗干净　　了。

　　　Tā méi bǎ zhuōzi bānchūqu.
　2）他　没　把　桌子　搬出去。　　　　　　　　　　　　　　＊搬：運ぶ

　　　Māo bǎ nǐ de yú chī le ma?
　3）猫　把　你　的　鱼　吃　了　吗?

比較文化クイズ 11

語呂合わせ（順口溜 shùnkǒuliū）

Q. 土地柄を表す次の文の意味をとり，[ ]に入る語句を下のア～キから選びなさい。

  Dàole Běijīng, cái zhīdao zìjǐ tài xiǎo.
1. 到了 北京，才 知道 自己 [ ] 太 小。
  ヒント：北京は中央政府の所在地

  Dàole Dōngběi, cái zhīdao zìjǐ tài xiǎo.
2. 到了 东北，才 知道 自己 [ ] 太 小。
  ヒント：東北地方は土地も気宇も広大

  Dàole Shāndōng, cái zhīdao zìjǐ tài xiǎo.
3. 到了 山东，才 知道 自己 [ ] 太 小。
  ヒント：山東省の人は宴会を好む

  Dàole Shānxī, cái zhīdao zìjǐ bù gāo.
4. 到了 山西，才 知道 自己 [ ] 不 高。
  ヒント：山西省には農村の自力更生モデルの大寨がある

  Dàole Shànghǎi, cái zhīdao zìjǐ bù hǎo.
5. 到了 上海，才 知道 自己 [ ] 不 好。
  ヒント：上海は流行の先端を行く

  Dàole Sūzhōu, cái zhīdao zìjǐ tài zǎo.
6. 到了 苏州，才 知道 自己 [ ] 太 早。
  ヒント：蘇州は水も女性も美しいと言われてきた

  Dàole Shēnzhèn, cái zhīdao zìjǐ tài shǎo.
7. 到了 深圳，才 知道 自己 [ ] 太 少。
  ヒント：深圳は香港と接し，ビジネスの盛んな経済特区

  juéwù   chuān de   guānzhí
ア．觉悟（意識・自覚） イ．穿 的（着ている物） ウ．官职（官職・地位）

  jiéhūn   chāopiào   jiǔliàng
エ．结婚（結婚）   オ．钞票（カネ）   カ．酒量（酒量）

  dǎnliàng
キ．胆量（肝っ玉）

第12課 とても我慢できないよ

Zhōu Wénhuá： Jiùyào fàng hánjià le. Jiàqīli nǐ dǎsuan gàn shénme?
周 文华： 就要 放 寒假 了。假期里 你 打算 干 什么？

Tiánzhōng Chún： Yí fàngjià jiù qù Hángzhōu lǚyóu. Nǐ qù ma?
田中 纯： 一 放假 就 去 杭州 旅游。你 去 吗？

Nánfāng de dōngtiān, wǒ kě shòubuliǎo.
周 文华： 南方 的 冬天，我 可 受不了。

Yí ge rén liúzài Běijīng, duō méi yìsi a.
田中 纯： 一 个 人 留在 北京，多 没 意思 啊。

Wǒ děi xiě bìyè lùnwén.
周 文华： 我 得 写 毕业 论文。

Nǐ xiǎng yào diǎnr shénme lǐwù?
田中 纯： 你 想 要 点儿 什么 礼物？

Fāngbiàn dehuà, jiù mǎi diǎnr lóngjǐngchá ba.
周 文华： 方便 的话，就 买 点儿 龙井茶 吧。

Méi wèntí.
田中 纯： 没 问题。

新しい語句

[就要…了] jiùyào…le 慣 もうすぐ…する
[放假] fàngjià 動 休みになる
[寒假] hánjià 名 冬休み
[假期] jiàqī 名 休み中
[打算] dǎsuan 動 …するつもりである
[干] gàn 動 する．やる
[一…就] yī…jiù 呼 …するとすぐ
[旅游] lǚyóu 動 旅行する．観光する
[南方] nánfāng 名 南．南方
[冬天] dōngtiān 名 冬
[可] kě 副 全く．本当に（強調）
[受不了] shòubuliǎo 組 耐えられない
[留] liú 動 残る．留まる
[没意思] méi yìsi 組 面白くない．退屈だ
[得] děi 助動 …しなければならない
[毕业论文] bìyè lùnwén 組 卒業論文
[的话] dehuà 助 …ならば

[龙井茶] lóngjǐngchá 名 ロンジン茶（杭州産の緑茶）
[问题] wèntí 名 問題．トラブル

とっさのひとこと

■ 你打算干什么？ Nǐ dǎsuan gàn shénme?
　何をするつもりですか
■ 受不了。Shòubuliǎo. 我慢できないよ
■ 多没意思啊。Duō méi yìsi a.
　どんなに退屈なことか
■ 方便的话…。Fāngbiàn dehuà…. よかったら…
■ 没问题。Méi wèntí. 大丈夫だよ

文法のポイント 12

❶ 数量補語

動量補語と時量補語がある。

1）**動量補語**……動作の回数を表す。

　a）**目的語が普通名詞のとき**（動量補語は目的語の前）

　　Wǒ chīguo sān cì liúlián.
　　我 吃过 三 次 榴莲。
　　主　述　動量補語　目

　b）**目的語が代詞のとき**（動量補語は目的語の後）

　　Wǒ jiànguo tā liǎng cì.
　　我 见过 她 两 次。
　　主　述　目　動量補語

　c）**目的語が固有名詞のとき**（動量補語は目的語の前でも後でもよい）

　　Wǒ qùguo yí cì Shànghǎi.　　Wǒ qùguo Shànghǎi yí cì.
　　我 去过 一 次 上海。　／　我 去过 上海 一 次。
　　主　述　動量補語　目　　　　主　述　目　動量補語

2）**時量補語**

① **動作の継続する時間を表す**

　a）**目的語が普通名詞のとき**（時量補語は目的語の前）

　　Tā zuòle yì tiān huǒchē.
　　他 坐了 一 天 火车。
　　主　述　時量補語　目

　b）**目的語が代詞のとき**（時量補語は目的語の後）

　　Tā jiāole wǒmen yì nián.
　　她 教了 我们 一 年。
　　主　述　目　時量補語

　c）**目的語が固有名詞のとき**（時量補語は目的語の前でも後でもよい）

　　Wǒ děngle yí ge xiǎoshí Tiánzhōng.　　Wǒ děngle Tiánzhōng yí ge xiǎoshí.
　　我 等了 一 个 小时 田中。　／　我 等了 田中 一 个 小时。
　　主　述　時量補語　目　　　　主　述　目　時量補語

② **動作完了後の経過時間を表す**（時量補語は目的語の後）

　　Tā lái Dōngjīng shí nián le.
　　他 来 东京 十 年 了。
　　主　述　目　時量補語

❷ 疑問代詞の呼応表現

同じ疑問代詞が呼応して，同一の内容を指す。

　　Nǐ xiǎng chī shénme jiù chī shénme ba.　　Shéi gōngzī gāo shéi qǐngkè.
　　你 想 吃 什么 就 吃 什么 吧。　　谁 工资 高 谁 请客。

❸ 時制の表現

形容詞と動詞それ自体には時制による変化がない。

1）形容詞の文の時制は時間詞で表す。

  Zuótiān bú rè.   Jīntiān bú rè.   Míngtiān yě bú rè.
  昨天 不 热。〈過去〉 今天 不 热。〈現在〉 明天 也 不 热。〈未来〉

2）動詞の文の時制も時間詞で表すが，語気助詞・動態助詞・副詞なども用いられる。

  Tā liǎng ge xiǎoshí yǐqián qù jīchǎng le.
  他 两 个 小时 以前 去 机场 了。〈過去〉   ＊机场：空港

  Tā sān nián qián qùguo Shànghǎi.
  他 三 年 前 去过 上海。〈過去の経験〉

  Tā xiànzài bú zài xuéxiào.
  他 现在 不 在 学校。〈現在の否定〉

  Tā zài kàn diànshì.
  他 在 看 电视。〈現在進行〉   ＊在：…している

  Míngtiān shí'èr diǎn tā jiù dào Rìběn le.
  明天 十二 点 他 就 到 日本 了。〈未来〉

3）助動詞の文の時制も時間詞で表す。

  否定は"不"や"没"（過去の否定）を用いる。
  ただし，"会""可以"の否定はそれぞれ"不会""不可以"のみ。

  Tā yǐqián bú huì qí zìxíngchē.
  她 以前 不 会 骑 自行车。〈過去の否定〉   ＊骑：乗る，自行车：自転車

  Shàng ge yuè tā méi néng cānjiā nàge huìyì.
  上 个 月 他 没 能 参加 那个 会议。〈過去の否定〉 ＊会议：会議

  Xià ge yuè tā yě néng cānjiā nàge huìyì.
  下 个 月 他 也 能 参加 那个 会议。〈未来〉

  Jīnhòu Rì-Zhōng jīngjì wénhuà jiāoliú yě bú huì zhōngduàn.
  今后 日中 经济 文化 交流 也 不 会 中断。〈未来の否定〉

練習 12

1．次の語句を並べ替えて，日本語に訳しなさい。

    nàge diànyǐng yí cì guo kàn wǒ
 1）那个 电影 ／ 一 次 ／ 过 ／ 看 ／ 我

    tā wàiyǔ zuótiān yí ge xiǎoshí le xué
 2）他 ／ 外语 ／ 昨天 ／ 一 个 小时 ／ 了 ／ 学 ＊外语：外国語

2．次の文を中国語に訳しなさい。

 1）あの女の子は小さいころから利発でした。 （小さいころ：小时候 xiǎoshíhou, 利発だ：聪明 cōngming）

 2）彼はあの映画を見ることができませんでした。

 3）2〜3日後には朝晩は涼しくなるでしょう。 （朝晩：早晚 zǎowǎn, 涼しい：凉快 liángkuai）

中国の手相占い

　伝統的な手相占いでは「男は左手，女は右手」を見た。だが，現代の手相占いは，左手で先天的な運勢を，また右手で現在から未来にかけての運勢を占う。信じるか信じないかは皆さんの勝手。

〈出所〉『中国民暦』（星輝図書有限公司）ほか

1. **感情線**〈感情线 gǎnqíngxiàn〉

    感情線が小指〈小指 xiǎozhǐ〉の下から人さし指〈食指 shízhǐ〉の付け根まで延びている人：

    fùyǒu　àiqíng　hé　chéngyì
    富有　爱情　和　诚意

2. **頭脳線**〈智慧线 zhìhuìxiàn〉

    頭脳線が人さし指の下から小指と薬指〈无名指 wúmíngzhǐ〉の間の下方まで延びている人：

    jīngmíng　gànliàn
    精明　干练

3. **生命線**〈生命线 shēngmìngxiàn〉

    生命線が人さし指の下から親指〈拇指 mǔzhǐ〉の下方の手首近くまで延びている人：

    cháng　mìng　bǎi　suì
    长　命　百　岁

4. **運命線**〈命运线 mìngyùnxiàn〉

    運命線が中指〈中指 zhōngzhǐ〉の付け根から一直線に手首近くまで延びている人：

    néng chéngwéi dàchénggōngzhě
    能　成为　大成功者

5. **成功線**〈太阳线 tàiyángxiàn〉

    成功線が薬指の下から下方へ一直線に延びている人：

    néng chéngwéi míngrén
    能　成为　名人

    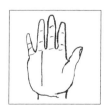

付　録

とっさのひとことアラカルト
◆ **日本的習慣に合ったひとこと** ◆

● あいさつ

| どうぞよろしく
Qǐng duō guānzhào.
请多关照。 | このごろどうですか？
Zuìjìn zěnmeyàng?
最近怎么样？ | まあまあです
Hái kěyǐ.
还可以。 |

| お幸せに
Zhù nǐ xìngfú.
祝你幸福。 | お疲れ様
Xīnkǔ le.
辛苦了。 | お元気で
Zhùyì shēntǐ.
注意身体。 |

● 聞き手として

| それで？
Ránhòu ne?
然后呢？ | よくぞ言ってくれました
Nǐ shuōde hǎo.
你说得好。 | そう，そう
Duì, duì.
对，对。 |

| 最高！
Hǎojí le.
好极了。 | 最低！
Tài chà le.
太差了。 | ほんとう？
Zhēn de ma?
真的吗？ | へえ，そうなの
À, shì ma?
啊，是吗？ |

| そうだったんですか
Yuánlái rúcǐ.
原来如此。 | やったね
Gàn de hǎo.
干得好。 | それほどでもありません
Guòjiǎng, guòjiǎng.
过奖，过奖。 |

● 生活習慣

| 行ってきます
Wǒ zǒu le.
我走了。 | 気をつけて
Xiǎoxīn diǎnr.
小心点儿。 | いただきます
Wǒ bú kèqi le.
我不客气了。 |

| ごちそうさま
Wǒ chīhǎo le.
我吃好了。 | ただいま
Wǒ huílai le.
我回来了。 | お帰りなさい
Nǐ huílai le.
你回来了。 |

| お邪魔します
Dǎrǎo le.
打扰了。 | どうぞお楽に
Qǐng suíbiàn ba.
请随便吧。 | ご面倒をおかけしました
Gěi nín tiān máfan le.
给您添麻烦了。 |

● 食事に誘う

| お昼一緒にどう？
Zhōngwǔ yìqǐ chī fàn ba.
中午一起吃饭吧。 | おごらせて下さい
Wǒ lái qǐngkè.
我来请客。 | またの機会に
Xià cì ba.
下次吧。 |

初級編読み物
◆ 北京伝染病院の思い出 ◆

　北京で新型肺炎（SARS）が猛威をふるっていたころ，大量の患者を受け入れている伝染病院としてよくテレビに登場したのが地壇病院である。今から十数年も前の話になるが，我が家もこの病院にはひとかたならぬお世話になった。

　思い起こせば，北京に赴任して1か月しか経っていないある日曜日のこと。その日は朝から一家で初めて遠出して北京動物園に出かけた。ところが，動物園に着いてほどなく，楽しみにしていたパンダを見もしないうちから，2歳の長男がぐずり出した。おなかが痛いと言うので，何度もトイレに連れていったが，そのうちに血便になっているのに気づいた。尋常ではないことをようやくにして悟り，急ぎ首都病院（現：協和病院）へ向かった。

　はたして首都病院での診断結果は赤痢（"痢疾" lìji）であった。直ちに伝染病院へ隔離されることになった。　　　　　〈出所〉『日本海新聞』2003年10月26日

Wǒmen zuò de jíjiùchē yí dào chuánrǎnbìng yīyuàn de hòumén, jǐ ge hùshi
我们 坐 的 急救车 一 到 传染病 医院 的 后门，几 个 护士

jiù pǎoguòlai le. Kàndào tāmen, wǒ yǒudiǎnr fàngxīn le. Kànshàngqu bú dào sìshí suì
就 跑过来 了。看到 她们，我 有点儿 放心 了。看上去 不 到 四十 岁

de nǚyīshēng gěi háizi kànbìng. Tā yìbiān hǒngzhe háizi, yìbiān zài háizi de túnbù
的 女医生 给 孩子 看病。她 一边 哄着 孩子，一边 在 孩子 的 臀部

dǎle yì zhēn. Nǚyīshēng yòng de zhùshèqì tài cū le. Gěi nàme xiǎo de háizi
打了 一 针。女医生 用 的 注射器 太 粗 了。给 那么 小 的 孩子

dǎzhēn méi wèntí ma? Suīrán fēicháng dānxīn, dàn wǒ shénme yě méi néng shuō. Cóng
打针 没 问题 吗？虽然 非常 担心，但 我 什么 也 没 能 说。从

nà tiān wǎnshang qǐ, wǒ jiù hé háizi yìqǐ shuìzài nà jiān zhuāngzhe tiělángān de
那 天 晚上 起，我 就 和 孩子 一起 睡在 那 间 装着 铁栏杆 的

bìngfáng li le.
病房 里 了。

Dì èr tiān, nàge nǚyīshēng yòu lái zhǔnbèi gěi háizi dǎzhēn. Háizi kàndào tā
第 二 天，那个 女医生 又 来 准备 给 孩子 打针。孩子 看到 她

jiù hàipàde kūleqǐlai. Wǒ rěnbuzhù shùnkǒu shuōle yí jù: "Xiànzài Rìběn yǐjīng
就 害怕得 哭了起来。我 忍不住 顺口 说了 一 句："现在 日本 已经

bú zài túnbù zhùshè le." Jǐnguǎn wǒ de Hànyǔ hěn chà, dàn nǚyīshēng háishi tīngdǒng
不 在 臀部 注射 了。"尽管 我 的 汉语 很 差，但 女医生 还是 听懂

le. Tā de liǎnsè yíxiàzi biàn le, shuō: "Jìrán zài Rìběn bú zhèyàng zhìliáo, wǒ
了。她 的 脸色 一下子 变 了，说："既然 在 日本 不 这样 治疗，我

jiù bú gàn le." Tā shuōwán jiù hánzhe yǎnlèi pǎochū bìngfáng qu le. Nǚyīshēng
就 不 干 了。" 她 说完 就 含着 眼泪 跑出 病房 去 了。女医生

跟我们素不相识，但对我们非常亲切。她昨天告诉我："我只有一个十二岁的女儿，所以特别喜欢男孩子。"我很后悔说了那句不该说的话。孩子被丢下不管可不行，但又担心那个大号注射器给孩子留下后遗症。怎么办好呢？

想来想去，我决定请院长出面调解一下。院长是一位举止安祥的老年妇女。经过院长的调解，女医生回来了。作为妥协，我答应女医生给孩子打了最后一针。

一个星期以后孩子出院了。每当我想起这件事，我的心中都充满了对传染病医院的医生和护士们的感激之情。

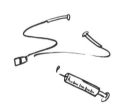

難しい語句

[护士] 图看護師	[尽管A但B] 呼AだけれどもB	[办] 動する
[看上去] 組見たところ	[差] 形つたない	[想来想去] 組あれこれ考える
[一边…一边…] 呼…しながら…する	[脸色] 图顔色	[出面] 動表に立つ
[哄] 動あやす	[一下子] 副たちまち	[调解] 動仲裁する
[打针] 動注射する	[既然A就B] 呼AであるからにはB	[位] 量敬意を込めて人を数える
[粗] 形太い	[跟] 前…と	[举止] 图ものごし
[虽然A但B] 呼AだけれどもB	[素不相识] 組一面識もない	[安祥] 形ゆったりと落ち着いている
[担心] 動心配する	[女儿] 图娘	[作为] 動…とする
[装] 動取りつける	[所以] 接だから	[答应] 動承諾する
[铁栏杆] 图鉄格子	[该] 助動…すべきである	[出院] 動退院する
[害怕] 動怖がる	[丢下不管] 組放ったらかしにする	[每当] 組…するたびに
[忍不住] 組我慢できない	[不行] 形いけない	[想起] 動思い出す
[顺口] 副つい	[大号] 图大型	[感激之情] 組感謝の念

中国語カラオケ（卡拉 OK{kǎlā}）のすすめ

(1) 草原 情歌 {Cǎoyuán qínggē}

青海 民歌 {Qīnghǎi míngē}

1. 在 那 遥远 的 地方，有 位 好 姑娘。
   {Zài nà yáoyuǎn de(di) dìfang, yǒu wèi hǎo gūniang.}

   人们 走过了 她 的 帐房，都 要 回头 留恋 地 张望。
   {Rénmen zǒuguòle(liao) tā de(di) zhàngfáng, dōu yào huítóu liúliàn de(di) zhāngwàng.}

   ＊地方：ところ，姑娘：娘，帐房：テント式住居，回头：振り返る，留恋地：なごり惜しそうに，张望：見回す

2. 她 那 粉红 的 笑脸，好像 红 太阳。
   {Tā nà fěnhóng de(di) xiàoliǎn, hǎoxiàng hóng tàiyáng.}

   她 那 活泼 动人 的 眼睛，好像 晚上 明媚 的 月亮。
   {Tā nà huópo dòngrén de(di) yǎnjing, hǎoxiàng wǎnshang míngmèi de(di) yuèliang.}

   ＊粉红：ほんのり赤い，笑脸：笑顔，好像：まるで…のようだ，活泼：生き生きとした
   动人：心惹かれる，明媚：さやかで美しい，月亮：月

3. 我 愿 抛弃了 财产，跟 她 去 放羊。
   {Wǒ yuàn pāoqìle(liao) cáichǎn, gēn tā qù fàngyáng.}

   每天 看着 那 粉红 的 笑脸，和 那 美丽 金边 的 衣裳。
   {Měitiān kànzhe nà fěnhóng de(di) xiàoliǎn, hé nà měilì jīnbiān de(di) yīshang.}

   ＊愿：…したい，抛弃：捨てる，看着：見ている，金边：金色のふち取り

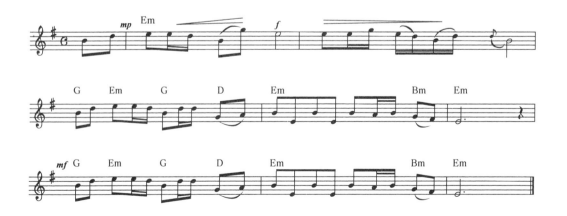

Liǎng zhī　lǎohǔ
(2)　两　只　老虎（2頭の虎）

作詞：不詳
作曲：フランス民謡

Liǎng zhī　lǎohǔ　　　　　liǎng zhī　lǎohǔ
两　只　老虎　　　　　　两　只　老虎

pǎode(di)　kuài　　　　　pǎode(di)　kuài.
跑得　　快　　　　　　　跑得　　快。

Yì　zhī　méiyǒu　wěiba　　yì　zhī　méiyǒu　ěrduo
一　只　没有　尾巴　　　一　只　没有　耳朵

zhēn qíguài　　　　　　　zhēn qíguài.
真　奇怪　　　　　　　　真　奇怪。

　　＊跑得快：走るのが速い，尾巴：しっぽ，耳朵：耳，奇怪：不思議だ

中国語音節表 ［発音編1頁を参照］

		1	2	3	4	5	6	7	8	9	10	11	12	13	14	15	16	17	18	19	20
	母音\子音	\multicolumn{15}{c}{第Ⅰ類（介母音なし）}					第Ⅱ類（介母音i）			
		a	o	e	-i	er	ai	ei	ao	ou	an	en	ang	eng	ong	i	ia	ie	iao	iou -iu
唇音	b	ba	bo				bai	bei	bao		ban	ben	bang	beng		bi		bie	biao	
	p	pa	po				pai	pei	pao	pou	pan	pen	pang	peng		pi		pie	piao	
	m	ma	mo	me			mai	mei	mao	mou	man	men	mang	meng		mi		mie	miao	miu
	f	fa	fo					fei		fou	fan	fen	fang	feng						
歯茎音	d	da		de			dai	dei	dao	dou	dan	den	dang	deng	dong	di	dia	die	diao	diu
	t	ta		te			tai	tei	tao	tou	tan		tang	teng	tong	ti		tie	tiao	
	n	na		ne			nai	nei	nao	nou	nan	nen	nang	neng	nong	ni		nie	niao	niu
	l	la	lo	le			lai	lei	lao	lou	lan		lang	leng	long	li	lia	lie	liao	liu
軟口蓋音	g	ga		ge			gai	gei	gao	gou	gan	gen	gang	geng	gong					
	k	ka		ke			kai	kei	kao	kou	kan	ken	kang	keng	kong					
	h	ha		he			hai	hei	hao	hou	han	hen	hang	heng	hong					
硬口蓋音	j															ji	jia	jie	jiao	jiu
	q															qi	qia	qie	qiao	qiu
	x															xi	xia	xie	xiao	xiu
そり舌音	zh	zha		zhe	zhi		zhai	zhei	zhao	zhou	zhan	zhen	zhang	zheng	zhong					
	ch	cha		che	chi		chai		chao	chou	chan	chen	chang	cheng	chong					
	sh	sha		she	shi		shai	shei	shao	shou	shan	shen	shang	sheng						
	r			re	ri				rao	rou	ran	ren	rang	reng	rong					
歯音	z	za		ze	zi		zai	zei	zao	zou	zan	zen	zang	zeng	zong					
	c	ca		ce	ci		cai		cao	cou	can	cen	cang	ceng	cong					
	s	sa		se	si		sai		sao	sou	san	sen	sang	seng	song					
子音なし		a	o	e		er	ai	ei	ao	ou	an	en	ang			yi	ya	ye	yao	you

21	22	23	24	25	26	27	28	29	30	31	32	33	34	35	36	37	38
					第Ⅲ類（介母音 u）									第Ⅳ類（介母音 ü）			
ian	in	iang	ing	iong	u	ua	uo	uai	uei -ui	uan	uen -un	uang	ueng	ü	üe	üan	ün
bian	bin		bing		bu												
pian	pin		ping		pu												
mian	min		ming		mu												
					fu												
dian			ding		du		duo		dui	duan	dun						
tian			ting		tu		tuo		tui	tuan	tun						
nian	nin	niang	ning		nu		nuo			nuan				nü	nüe		
lian	lin	liang	ling		lu		luo			luan	lun			lü	lüe		
					gu	gua	guo	guai	gui	guan	gun	guang					
					ku	kua	kuo	kuai	kui	kuan	kun	kuang					
					hu	hua	huo	huai	hui	huan	hun	huang					
jian	jin	jiang	jing	jiong										ju	jue	juan	jun
qian	qin	qiang	qing	qiong										qu	que	quan	qun
xian	xin	xiang	xing	xiong										xu	xue	xuan	xun
					zhu	zhua	zhuo	zhuai	zhui	zhuan	zhun	zhuang					
					chu	chua	chuo	chuai	chui	chuan	chun	chuang					
					shu	shua	shuo	shuai	shui	shuan	shun	shuang					
					ru	rua	ruo		rui	ruan	run						
					zu		zuo		zui	zuan	zun						
					cu		cuo		cui	cuan	cun						
					su		suo		sui	suan	sun						
yan	yin	yang	ying	yong	wu	wa	wo	wai	wei	wan	wen	wang	weng	yu	yue	yuan	yun

語 句 索 引

- 「本文」「文法のポイント」「練習」「読み物」の新出語句を拼音順に配列する。
- 数字は初出のページを示す。
- 用法が異なる場合ほか重要と思われる場合は，複数回採録している。

A

阿姨	āyí	29
啊(感嘆詞)	à	37
啊(語気助詞)	a	45
哎	āi	25
安祥	ānxiáng	59

B

八	bā	18
把	bǎ	49, 50
爸爸	bàba	8, 29
吧(勧誘)	ba	21
吧(要請)	ba	21
百	bǎi	43
班	bān	34
搬	bān	51
半	bàn	39
办	bàn	59
杯	bēi	25
北京	Běijīng	10, 33
北京烤鸭	Běijīng kǎoyā	37
被	bèi	49, 50
本	běn	18
比	bǐ	33, 34
比较	bǐjiào	14
笔记本	bǐjìběn	11
毕业	bìyè	54
毕业论文	bìyè lùnwén	53
变	biàn	58
遍	biàn	9
边	bian	27
别	bié	29
病房	bìngfáng	58
不	bù	9, 14, 15, 55
不(応答)	bù	19
不(可能補語)	bu	46
不错	búcuò	25
不好意思	bù hǎoyìsi	37
不是…吗	bú shì … ma	49
不太	bú tài	34
不行	bùxíng	59
不要	búyào	38

C

才	cái	39, 45
菜(料理)	cài	15
菜(副食品)	cài	29
参加	cānjiā	55
差	chà	57, 58
馋鬼	chánguǐ	11
尝	cháng	27, 41
常常	chángcháng	23
长	cháng	34
长城	Chángchéng	33
炒饭	chǎofàn	10
车	chē	45
车站	chēzhàn	34
城市	chéngshì	10
吃	chī	11, 29
充满	chōngmǎn	59
抽烟	chōuyān	38
臭	chòu	41
出发	chūfā	23
出来	chūlai	42
出面	chūmiàn	59
出去	chūqu	42
出院	chūyuàn	59
传染病医院	chuánrǎnbìng yīyuàn	58
纯	Chún	17
词典	cídiǎn	39
次	cì	33, 55
聪明	cōngming	55
从	cóng	21, 23
从来	cónglái	23
从…起	cóng … qǐ	58
粗	cū	58
错	cuò	45

D

答应	dāying	59
打	dǎ	19
打扰	dǎrǎo	57
打算	dǎsuan	53
打针	dǎzhēn	58
大	dà	10, 31
大(年齢)	dà	35
大阪	Dàbǎn	33
大概	dàgài	33
大号	dàhào	59
大学生	dàxuéshēng	11
大约	dàyuē	41
带	dài	41
担心	dānxīn	58
单位	dānwèi	29
但	dàn	33
导游	dǎoyóu	41
到(前置詞)	dào	21, 23
到(結果補語)	dào	37
到(動詞)	dào	54
得(様態補語)	de	45, 46
得(可能補語)	de	46
的(構造助詞)	de	11, 17, 18, 25
的话	dehuà	53, 54
得	děi	53
等	děng	13
第	dì	58
弟弟	dìdi	8
点	diǎn	21, 30, 31
点儿	diǎnr	17
电车	diànchē	31
电话	diànhuà	19
电脑	diànnǎo	26
电器	diànqì	29
电视	diànshì	35
电影	diànyǐng	15, 21
电影票	diànyǐngpiào	45
电影院	diànyǐngyuàn	21
丢	diū	49
丢下不管	diūxià bù guǎn	59
东西	dōngxi	37
冬天	dōngtiān	53
懂	dǒng	9, 46
都	dōu	11, 37
读	dú	51
对(前置詞)	duì	21
对(形容詞)	duì	25
对不起	duìbuqǐ	17
多	duō	22, 25
多(疑問)	duō	31
多(感嘆)	duō	37

64

多少	duōshao	17	逛	guàng	45	会	huì	38, 55
	E・F		贵	guì	14	会(可能性)	huì	55
			贵姓	guìxìng	9	会议	huìyì	55
恶心	ěxin	39	国际电话	guójì diànhuà	19		**J**	
饿	è	37	过奖	guòjiǎng	57			
二	èr	17, 18, 30, 43	过来	guòlai	42	机场	jīchǎng	55
二月	èryuè	30	过去	guòqu	42	极	jí	57
发	fā	35	过夜	guòyè	23	急救车	jíjiùchē	58
饭	fàn	22	过	guo	33, 35, 54	几	jǐ	17, 31
方便	fāngbiàn	33		**H**		寄	jì	50
房间	fángjiān	43				记	jì	47
放	fàng	53	孩子	háizi	21	既然	jìrán	58
放假	fàngjià	53	还(まあまあ)	hái	13	纪念邮票	jìniàn yóupiào	17
放心	fàngxīn	21	还(まだ)	hái	45	家(場所)	jiā	19
非常	fēicháng	34	还是	háishi	58	家(量詞)	jiā	19, 25
飞机	fēijī	41	海尔公司	Hǎi'ěr gōngsī	11	家(家庭)	jiā	29
分(通貨)	fēn	17	海南岛	Hǎinándǎo	41	假期	jiàqī	53
分(時)	fēn	30, 33	害怕	hàipà	58	间	jiān	58
父	fù	29	含	hán	58	简单	jiǎndān	47
妇女	fùnǚ	59	寒假	hánjià	53	见	jiàn	13
	G		汉语	Hànyǔ	38	见面	jiànmiàn	45
			杭州	Hángzhōu	53	件	jiàn	14, 18
该	gāi	59	好	hǎo	9	交	jiāo	49
干净	gānjìng	47	好(同意)	hǎo	21	交给	jiāogěi	49
感激之情	gǎnjī zhī qíng	59	好(結果補語)	hǎo	57	交流	jiāoliú	55
感人	gǎnrén	25	好吃	hǎochī	14	教	jiāo	43
感兴趣	gǎn xìngqù	21	好久	hǎojiǔ	13	角	jiǎo	17
干	gàn	53	好像	hǎoxiàng	21	饺子	jiǎozi	15
钢琴	gāngqín	38	好用	hǎoyòng	39	教室	jiàoshì	27
高(高度)	gāo	18	号	hào	30, 31	叫	jiào	9
高(等級)	gāo	54	喝	hē	14, 25	叫(使役)	jiào	51
高大	gāodà	18	和(前置詞)	hé	25	结婚	jiéhūn	54
告诉	gàosu	41	和(接続詞)	hé	29	姐姐	jiějie	8, 23, 29
哥哥	gēge	8, 23	黑板	hēibǎn	47	今后	jīnhòu	55
个	ge	18, 41	很	hěn	10, 14, 15, 21	今天	jīntiān	15, 21, 31, 54
给(前置詞)	gěi	23	哄	hǒng	58	尽管	jǐnguǎn	58
给(動詞)	gěi	43	后	hòu	27	进	jìn	42
给(結果補語)	gěi	49	后边儿	hòubianr	27	进来	jìnlai	42
跟	gēn	59	后悔	hòuhuǐ	59	进去	jìnqu	42
工艺品	gōngyìpǐn	37	后门	hòumén	58	禁止	jìnzhǐ	41
工资	gōngzī	54	后遗症	hòuyízhèng	59	近	jìn	34
工作(動詞)	gōngzuò	29	护士	hùshi	58	经常	jīngcháng	40
工作(名詞)	gōngzuò	47	话	huà	19, 45	经过	jīngguò	59
公分	gōngfēn	34	坏	huài	26	经济	jīngjì	55
公里	gōnglǐ	41	欢迎	huānyíng	29	久	jiǔ	13
公司	gōngsī	11, 19, 29	《黄土地》	«Huáng tǔdì»	21	九	jiǔ	18
故事片	gùshipiàn	21	回(動詞)	huí	19	酒	jiǔ	38
关系	guānxi	57	回(量詞)	huí	45	就(すぐ)	jiù	29
关照	guānzhào	57	回来	huílai	42, 46	就(強い肯定)	jiù	33
广州	Guǎngzhōu	23	回去	huíqu	41, 42	就(とっくに)	jiù	37, 39

65

就(…ならば)	jiù	45, 53, 54	里边儿	lǐbianr	27	米	mǐ	38
就是	jiùshì	21	礼物	lǐwù	27	米饭	mǐfàn	11
就要…了	jiùyào … le	53, 54	力	lì	23	面	miàn	11
举止	jǔzhǐ	59	脸色	liǎnsè	58	面(方位)	miàn	27
句	jù	58	凉快	liángkuai	55	明白	míngbai	17
决定	juédìng	59	两	liǎng	17, 18, 30, 43	明天	míngtiān	22, 54
			○	líng	18	名字	míngzi	9
	K		零(空位)	líng	43	母	mǔ	29
咖啡	kāfēi	25	铃木	Língmù	42			
咖啡店	kāfēidiàn	25	琉璃厂	Liúlichǎng	33		**N**	
开车	kāichē	38	榴莲	liúlián	41	拿	ná	42
开始	kāishǐ	23	留	liú	31, 53	哪	nǎ	10, 18
看	kàn	14, 21	留下	liúxià	59	哪个	nǎge	10
看病	kànbìng	31	留学	liúxué	39	哪里	nǎlǐ	27, 29
看上去	kànshàngqu	58	流	liú	25	哪儿	nǎr	27, 49
可	kě	53	流利	liúlì	47	哪些	nǎxiē	10
可不是	kěbushì	57	六	liù	17, 18	那	nà	10, 18, 25
可以(形容詞)	kěyǐ	13	六甲山	Liùjiǎshān	18	那(接續詞)	nà	37
可以(助動詞)	kěyǐ	38	六月	liùyuè	31	那个	nàge	10
客气	kèqi	9	龙井茶	lóngjǐngchá	53	那里	nàli	25, 27
客人	kèren	37	楼	lóu	18	那么	nàme	58
课本	kèběn	11	路上	lùshang	21	那儿	nàr	25, 33
课文	kèwén	51	旅游	lǚyóu	53	那些	nàxiē	10
恐怕	kǒngpà	45				奶奶	nǎinai	8
口	kǒu	29		**M**		南方	nánfāng	53
哭	kū	58	妈妈	māma	8, 18, 29	男孩子	nánháizi	59
块	kuài	17	麻烦	máfan	57	难	nán	19
快(副詞用法)	kuài	22	马丽	Mǎlì	27	呢(持續)	ne	35
快(形容詞)	kuài	46	马马虎虎	mǎmǎhūhū	13	呢(疑問)	ne	57
快…了	kuài … le	54	嘛	ma	37	能	néng	37, 38, 55
快要…了	kuàiyào … le	54	吗	ma	13, 17, 19	你	nǐ	9, 10
			买	mǎi	14, 17	你们	nǐmen	10
	L		买到	mǎidào	37, 45	年	nián	54
来	lái	22, 33	卖	mài	49	鸟	niǎo	43
来(積極)	lái	57	馒头	mántou	11	您	nín	9, 10
来不及	láibují	50	慢	màn	17	弄	nòng	49
来到	láidào	41	忙	máng	10, 13	女儿	nǚ'ér	59
…来…去	… lái … qù	59	猫	māo	51	女朋友	nǚpéngyou	23
来	lai	42	毛	máo	17	女医生	nǚyīshēng	58
狼	láng	22	没(副詞)	méi	14, 26, 33, 35, 45, 46, 55			
老年	lǎonián	59					**P**	
老师	lǎoshī	10	没	méi	14, 21	派(動詞)	pài	31
老爷	lǎoye	8	没关系	méi guānxi	13	旁边儿	pángbiānr	25
姥姥	lǎolao	8	没意思	méi yìsi	53	跑(逃げる)	pǎo	22
了(語氣助詞)	le	9, 26, 54	没有(比較)	méiyǒu	34	跑(走る)	pǎo	46
了(動態助詞)	le	25, 26, 54	每当	měi dāng	59	赔	péi	49
累	lèi	21	美国	Měiguó	39	朋友	péngyou	19
离	lí	33, 34	妹妹	mèimei	8, 15	批评	pīpíng	50
李	Lǐ	23	门口	ménkǒu	21	啤酒	píjiǔ	14
里	lǐ	27	们	men	10	便宜	piányi	33

票	piào	45	山田	Shāntián	35, 49	随便	suíbiàn	57
漂亮	piàoliang	18	商店	shāngdiàn	22, 45	岁	suì	31
苹果	píngguǒ	38	上（方位詞）	shàng	27	所以	suǒyǐ	59
平摊	píngtān	37	上（時間）	shàng	51, 55			
	Q		上班	shàngbān	29		**T**	
妻子	qīzi	51	上边儿	shàngbianr	27	他	tā	10, 49
七	qī	18, 21	上海	Shànghǎi	23	他们	tāmen	10
其他	qítā	39	上课	shàngkè	39	她	tā	10
骑	qí	55	上来	shànglai	42	她们	tāmen	10
起	qǐ	47	上去	shàngqu	42	太	tài	45
起床	qǐchuáng	39	上司	shàngsi	50	弹	tán	38
起来	qǐlai	42	谁	shéi	10, 19	躺	tǎng	35
气氛	qìfēn	25	身体	shēntǐ	13	特别	tèbié	34, 41
汽车	qìchē	55	神户人	Shénhùrén	10	天	tiān	30
铅笔	qiānbǐ	19	什么	shénme	9, 19	天气	tiānqì	39
千	qiān	38, 41, 43	什么（何か）	shénme	53	田中	Tiánzhōng	17
钱	qián	14, 17	生活	shēnghuó	33	调解	tiáojiě	59
钱包	qiánbāo	51	生日	shēngrì	30	铁栏杆	tiělángān	58
前（方位詞）	qián	27	圣诞节	Shèngdànjié	34	听	tīng	9
前边儿	qiánbianr	25, 27	十	shí	17, 18, 43	听懂	tīngdǒng	9, 46
亲切	qīnqiè	59	十二月	shí'èryuè	30	听说	tīngshuō	41
青岛	Qīngdǎo	15	十月	shíyuè	30	停	tíng	42
青年	qīngnián	14	时	shí	27	同学	tóngxué	15, 25
清楚	qīngchu	45	时间	shíjiān	47	偷	tōu	51
请（どうぞ）	qǐng	9	事儿	shìr	21	头发	tóufa	34
请（兼語文）	qǐng	29, 31	是	shì	10, 17	推理小说	tuīlǐ xiǎoshuō	14
请客	qǐngkè	37	是（応答）	shì	19	臀部	túnbù	58
去	qù	10, 21	是…的	shì … de	49, 50	妥协	tuǒxié	59
去	qu	42	试	shì	45		**W**	
	R		手机	shǒujī	11	外	wài	27
然后	ránhòu	57	售货员	shòuhuòyuán	17	外边儿	wàibianr	27
让	ràng	13, 49, 51	售票员	shòupiàoyuán	45	外国	wàiguó	14
饶	ráo	41	受不了	shòubuliǎo	53	外语	wàiyǔ	55
热	rè	11	叔叔	shūshu	29	完	wán	46
人	rén	11	舒服	shūfu	21	晚	wǎn	45
忍不住	rěnbuzhù	58	书	shū	14	晚饭	wǎnfàn	29
日本	Rìběn	51	书包	shūbāo	11	晚上	wǎnshang	58
日本菜	Rìběncài	35	书店	shūdiàn	31	万	wàn	43
日本人	Rìběnrén	11	树	shù	18	王	Wáng	11, 49
日语	Rìyǔ	43	水果	shuǐguǒ	22	王府井大街		37
日中	Rì-Zhōng	55	睡	shuì	46		Wángfǔjǐng dàjiē	
荣宝斋	Róngbǎozhāi	33	顺口	shùnkǒu	58	忘	wàng	26
如此	rúcǐ	57	说	shuō	9	为什么	wèi shénme	23
如果	rúguǒ	54	说好	shuōhǎo	45	位	wèi	59
	S		四	sì	18, 29	温柔	wēnróu	23
三	sān	18, 29	四月	sìyuè	11, 30	文华	Wénhuá	9
山口	Shānkǒu	27	苏州	Sūzhōu	23	文化	wénhuà	55
			素不相识	sù bù xiāngshí	59	问题	wèntí	53
			算	suàn	49	我	wǒ	9, 10
			虽然	suīrán	58			

我们	wǒmen	10		星期天	xīngqītiān	29, 30	有(所有)	yǒu	14, 17
武打片	wǔdǎpiàn	21		星期五	xīngqīwǔ	30	有(存在)	yǒu	25, 27
五	wǔ	18		星期一	xīngqīyī	30	有点儿	yǒudiǎnr	21, 39
五月	wǔyuè	31		行	xíng	25	有意思	yǒu yìsi	25
午饭	wǔfàn	35		姓	xìng	9	右	yòu	27
物价	wùjià	33		熊猫	xióngmāo	19	右边儿	yòubianr	27
X				休息	xiūxi	29	又(否定の強調)	yòu	21
西安	Xī'ān	23		学生	xuésheng	11	又(反復)	yòu	58
西单图书大厦		49		学习	xuéxí	23	鱼	yú	15
	Xīdān túshū dàshà			学校	xuéxiào	15, 21	雨	yǔ	42
习惯	xíguàn	33		**Y**			元	yuán	17
喜欢	xǐhuan	15					原来(副詞)	yuánlái	57
洗	xǐ	47		呀	ya	37	远	yuǎn	21
下(方位詞)	xià	27		研究室	yánjiūshì	51	院长	yuànzhǎng	59
下(降る)	xià	42		眼睛	yǎnjing	18	月	yuè	30, 31
下(時間)	xià	55		眼泪	yǎnlèi	25	**Z**		
下边儿	xiàbianr	27		要(欲する)	yào	17			
下来	xiàlai	42		要(要する)	yào	33	再	zài	9
下去	xiàqu	42		要(助動詞)	yào	37, 38	再见	zàijiàn	9
下午	xiàwǔ	51		要是	yàoshi	54	在(前置詞)	zài	21, 22, 23
夏天	xiàtiān	15		钥匙	yàoshi	51	在(動詞)	zài	25, 27
现在		11, 29, 31, 54		爷爷	yéye	8	在(結果補語)	zài	51, 53
	xiànzài			野猪	yězhū	18	在(副詞)	zài	35, 55
香港	Xiānggǎng	50		也	yě	10, 11, 22, 33	咱们	zánmen	10, 21
想(助動詞)	xiǎng	22, 37, 38		也许	yěxǔ	45	早	zǎo	47, 49
想(動詞)	xiǎng	59		一	yī	9, 18, 43	早饭	zǎofàn	37
想起	xiǎngqǐ	59		一边……一边…	yìbiān…yìbiān…	58	早上	zǎoshang	23
小	Xiǎo	43, 49		一点儿	yìdiǎnr	37, 39	早晚	zǎowǎn	55
小	xiǎo	43		一定	yídìng	22	怎么(方式)	zěnme	22, 45
小时	xiǎoshí	30, 55		一共	yígòng	17	怎么(理由)	zěnme	25
小时候	xiǎoshíhou	55		一会儿	yíhuìr	41	怎么样	zěnmeyàng	13
小说	xiǎoshuō	46		一…就	yī…jiù	53	站	zhàn	43
小偷儿	xiǎotōur	51		一起	yìqǐ	21	张	zhāng	17
小心	xiǎoxīn	21		一下	yíxià	59	张	Zhāng	19
写	xiě	23, 53		一下子	yíxiàzi	58	找到	zhǎodào	47
谢谢	xièxie	9		一月	yīyuè	30	这	zhè	10, 17, 18
辛苦	xīnkǔ	57		医生	yīshēng	51	这(今この時)	zhè	49
新	xīn	17		医院	yīyuàn	31	这个	zhège	10
新华书店	Xīnhuá shūdiàn	25		伊妹儿	yīmèir	35	这里	zhèlǐ	14, 27
新年	xīnnián	34		衣服	yīfu	14	这儿	zhèr	27, 33
新鲜	xīnxiān	15		椅子	yǐzi	11	这些	zhèxiē	10, 37
心	xīn	59		已经	yǐjīng	27	这样	zhèyàng	58
信	xìn	23		以后	yǐhòu	33, 54	着	zhe	33, 35
星期	xīngqī	30, 31		以前	yǐqián	54, 55	真	zhēn	57
星期二	xīngqī'èr	30		银行	yínháng	35	正	zhèng	35
星期六	xīngqīliù	30		用	yòng	39, 58	正在	zhèngzài	35
星期日	xīngqīrì	30		邮局	yóujú	19	支	zhī	19
星期三	xīngqīsān	30		邮票	yóupiào	17	知道	zhīdao	25
星期四	xīngqīsì	30		游	yóu	38	之前	zhīqián	46
				游泳	yóuyǒng	39	只	zhī	19

职工	zhígōng	11	终于	zhōngyú	41	走（歩く）	zǒu	33
值钱	zhíqián	49	种	zhǒng	17	最	zuì	17
只	zhǐ	59	重视	zhòngshì	50	最好	zuìhǎo	49
治疗	zhìliáo	58	周	Zhōu	9	最后	zuìhòu	59
中	zhōng	27	祝	zhù	57	最近	zuìjìn	13
中断	zhōngduàn	55	注射	zhùshè	58	昨天	zuótiān	15, 25, 54
中国	Zhōngguó	10	注射器	zhùshèqì	58	左	zuǒ	27
中国菜	Zhōngguócài	35	注意	zhùyì	13	左边儿	zuǒbianr	27
中国人	Zhōngguórén	10	装	zhuāng	58	做（する）	zuò	30
中文	Zhōngwén	19	准备	zhǔnbèi	58	做（作る）	zuò	50
中午	zhōngwǔ	37	桌子	zhuōzi	27	作为	zuòwéi	59
中旬	zhōngxún	10	自行车	zìxíngchē	55	作业	zuòyè	30
中药	zhōngyào	37	字	zì	47	坐（座る）	zuò	25
钟	zhōng	30, 33	走（去る）	zǒu	29	坐（乗る）	zuò	31, 41

著者略歴

王　柯　（おうか Wáng Kē）
現在　神戸大学名誉教授
　　　学術博士
主著　*The East Turkestan Independence Movement 1930–1940*, The Chinese University Press, Hongkong, 2018
　　　『亦師亦友亦敵——民族主義与近代中日関係』，香港中文大學出版社，2019 年
　　　『従「天下」国家到民族国家：歴史中国的自我認知与実践』上海人民出版社，2020 年ほか

馮　誼光　（ひょう ぎこう Féng Yìguāng）
現在　神戸大学非常勤講師，関西大学非常勤講師，近畿大学非常勤講師
　　　教育学修士
主著　『中検問題集 2002 年版（全級）』（共著）光生館，2002 年
　　　『グループ方式で学ぶ中国語中級編——日本と中国』（共著）東方書店，2003 年
　　　『完全攻略中検 4 級』『完全攻略中検 3 級』（共著）株式会社アルク，2020 年ほか

石原 享一　（いしはら きょういち）
現在　神戸大学名誉教授，アジア経済研究所名誉研究員
　　　社会学博士
主著　『戦後日本の経済と社会——平和共生のアジアへ』岩波ジュニア新書，2015 年
　　　『習近平の中国経済——富強と効率と公正のトリレンマ』ちくま新書，2019 年
　　　『日本の反戦非戦の系譜——アジア・ビジョンをどう描くか』白水社，2024 年

日常会話で学ぶ中国語の初歩

定価はカバーに表示

2025 年 3 月 1 日　初　版第 1 刷

著　者　　王　　　　　柯
　　　　　馮　　　誼　　光
　　　　　石　原　享　一
発行者　　朝　倉　誠　造
発行所　　株式会社　朝倉書店
　　　　　東京都新宿区新小川町6-29
　　　　　郵便番号　162-8707
　　　　　電　話　03（3260）0141
　　　　　Ｆ Ａ Ｘ　03（3260）0180
　　　　　https://www.asakura.co.jp

〈検印省略〉

© 2025〈無断複写・転載を禁ず〉　　シナノ印刷・渡辺製本

ISBN 978–4–254–51075–1　C 3087　　Printed in Japan

JCOPY ＜出版者著作権管理機構　委託出版物＞
本書の無断複写は著作権法上での例外を除き禁じられています．複写される場合は，そのつど事前に，出版者著作権管理機構（電話 03-5244-5088, FAX 03-5244-5089, e-mail: info@jcopy.or.jp）の許諾を得てください．

漢文ライブラリー　時代を超えて楽しむ『論語』

謡口 明 (著)

A5 判／168 ページ　ISBN：978-4-254-51537-4　C3381　定価 2,860 円（本体 2,600 円＋税）

とくに日本人に馴染みの深い文章を『論語』の各篇より精選。各篇の構成と特徴，孔子と弟子たちの生きた春秋時代の世界，さまざまな学説などをわかりやすく解説。日本人の教養の根底に立ち返る，あたらしい中国古典文学テキスト。

漢文ライブラリー　十八史略で読む『史記』 ―始皇帝・項羽と劉邦―

渡邉 義浩 (著)

A5 判／164 ページ　ISBN：978-4-254-51587-9　C3381　定価 2,860 円（本体 2,600 円＋税）

歴史初学者のために中国で編まれた教科書，「十八史略」をテキストとして学ぶ，漢文入門。秦の建国から滅亡，項羽と劉邦の戦い，前漢の成立まで，有名なエピソードを中心に 30 編を精選し，書き下し・現代語訳・鑑賞と解説を収録した。

漢文ライブラリー　弟子の視点から読み解く『論語』

謡口 明 (著)

A5 判／192 ページ　ISBN：978-4-254-51588-6　C3381　定価 3,300 円（本体 3,000 円＋税）

日本人になじみ深い『論語』を，孔子の弟子という新しい視点から漢文で読む入門書。孔門の十哲および子張・曾子・有子の 13 人を取り上げ，そのひととなりが鮮やかに描かれるエピソードを精選，書き下し・現代語訳・語釈・解説を収録した。

漢文ライブラリー　『世説新語』で読む竹林の七賢

大上 正美 (著)

A5 判／224 ページ　ISBN：978-4-254-51589-3　C3381　定価 3,520 円（本体 3,200 円＋税）

五世紀中国の小説集『世説新語』で描かれた魏・晋朝の個性豊かな知識人「竹林の七賢」たちの人生と思想を，正確な現代語訳と豊富な語釈とともに丁寧に解説する。〔内容〕阮籍／嵆康／山濤／劉伶／阮咸／向秀／王戎／七賢の諸子たち

日本語ライブラリー　中国語と日本語

沖森 卓也・蘇 紅 (編著)

A5 判／160 ページ　ISBN：978-4-254-51611-1　C3381　定価 2,860 円（本体 2,600 円＋税）

日本語と中国語を比較対照し，特徴を探る。〔内容〕代名詞／動詞・形容詞／数量詞／主語・述語／アスペクトとテンス／態／比較文／モダリティー／共起／敬語／日中同形語／親族語彙／諧声／擬音語・擬態語／ことわざ・慣用句／漢字の数

日本語ライブラリー　漢文資料を読む

沖森 卓也 (編著)／齋藤 文俊・山本 真吾 (著)

A5 判／160 ページ　ISBN：978-4-254-51529-9　C3381　定価 2,970 円（本体 2,700 円＋税）

日本語・日本文学・日本史学に必須の，漢籍・日本の漢文資料の読み方を初歩から解説する。〔内容〕訓読方／修辞／漢字音／漢籍を読む／日本の漢詩文／史書／説話／日記・書簡／古記録／近世漢文／近代漢文／和刻本／ヲコト点／助字／他

上記価格は 2025 年 2 月現在

中国語発音記号の読み方のコツ

1 四声

第1声　mā［妈］NHKのど自慢の鐘1つ（カーン）のように高い音程でそのまま伸ばす。
第2声　má［麻］急激にしり上がりに，日本語で「エエッ」と聞き直すときの感じ。
第3声　mǎ［马］あくびをするように「ア～ァ」。出だしを思い切って低くするのがコツ。
第4声　mà［骂］「アーッ，わかった」と上から下に下ろす。
軽声　　ma［(文末の)吗］軽く言い添える。

2 間違えやすい母音の発音（特に※印は日本人がローマ字表記にだまされやすいもの）

1）"a" の入ったピンイン

❶「エ」と発音する場合　※ ian
　-ian［钱］qián（チエン）

❷それ以外は「ア」
　-iang［量］liàng（リあン）　　　　　-ai［开］kāi（カーイ）

2）"i" の入ったピンイン

❶口を横に引いて「イ」の口をしたまま，「ウ」と発音する場合　※ zi, ci, si
　zi［子］zǐ（ズ～ゥ）　ci［次］cì（ツゥ）　si［四］sì（スゥ）

❷そり舌のまま「イ」
　zhi［只］zhǐ（ヂ～ィ）　chi［吃］chī（チー）　shi［是］shì（シィ）　ri［日］rì（リィ）

❸それ以外は口を横に引いて「イ」
　-i［比］bǐ（ビ～ィ）　-ie［切］qiè（チエ）　-in［今］jīn（ジン）

3）"e" の入ったピンイン

❶「ｵ」（口を半開きにして，のどの奥から「オ」）と発音する場合　※ -e, -eng
　-e［科］kē（コォー）　-eng［能］néng（ノん）

❷それ以外は「エ」
　-üe［月］yuè（ユエ）　-en［分］fēn（フェン）　-ei［未］wèi（ウェイ）